Dein Weg ins Glück

Romana Fleischhacker

Dein Weg ins Glück
Romana Fleischhacker
Herstellung und Verlag:
BoD - Books on Demand, Norderstedt
ISBN 978-3-7386-2809-8
© 2015 by Romana Fleischhacker

Dein Weg ins Glück

Romana Fleischhacker

Inhaltsverzeichnis

Vorwort

Ich habe versucht, ein Buch zu schreiben, das Leben in vielerlei Hinsicht erleichtern soll.

Ich dachte viel über unseren Geist, die Kraft unserer Gedanken und wie wir uns das Leben erleichtern können, nach.
Meine Erkenntnisse und Erfahrungen mit dem Leben wollte ich niederschreiben und weitergeben.
Mit diesem Buch will ich Menschen helfen, ihr Leben so zu gestalten, wie sie es gerne hätten.
Ich hoffe, dass euch meine Erkenntnisse helfen werden.

Was werdet ihr in diesem Buch finden?

Erstens: Wir alle hätten die Voraussetzung für ein erfülltes Leben, aber wir geben unseren Ängsten, negativen Gedanken und dem Glauben daran, wir hätten nicht alles, Macht. Dementsprechend schaut auch unser Leben aus.

Zweitens, dass wir alle Erfüllung und Glück in uns finden können, diese Dinge aber stattdessen im Außen suchen. Wir sollten aufhören uns abhängig zu machen von der Liebe anderer und anfangen uns selbst treu zu sein.

Drittens soll dieses Buch zeigen, dass wir Realitäten schaffen und uns das bewusst werden sollte. Wir sind auch selbst verantwortlich für das, was in unserem Leben passiert.
Würden wir bei uns bleiben und unseren Ängsten die Macht entziehen, würden wir ein viel schöneres und bereicherndes Leben führen.

Viertens sind es oft nur unsere Illusionen (Dinge, die wir sehen, wie z.B. jemand liebt uns nicht, weil er dies oder jenes gesagt hat, was aber nicht so gemeint war. Wir sehen darin einen Angriff, doch es ist nur unser Produkt der Wahrheit), die uns Kummer bereiten.

Am Ende könnt ihr noch Übungen finden, wie ihr bei euch selbst ankommen könnt.

Ich habe Beispiele aus meinem Leben und auch aus dem Leben von anderen beschrieben. Alle Beispiele in diesem Buch sind wahr, nur die Namen wurden geändert.

Über meine Person

Wie bereits erwähnt, habe ich mich viel mit uns selbst und unserer Vorstellungskraft beschäftigt. Heute versuche ich Menschen mit meinem Wissen zu helfen.

Momentan lebe ich in Indien. Nach Indien verschlug es mich während meiner Reise um die Welt.
Ich begann vor ein paar Jahren eine Reise, mit der Idee, dass ich möglicherweise nicht mehr in mein Heimatland zurückkommen werde. Es war keine normale touristische Reise. Ich wollte die Welt sehen und gleichzeitig mir auch alle Möglichkeiten offen lassen. Vielleicht würde ich Arbeit finden und vielleicht sogar einen Ort, an dem ich bleiben wollte.
Ich gab in meiner Heimat alles auf und packte all meine Sachen in Kisten für den Fall, dass ich tatsächlich nicht mehr wieder kommen würde.
So ging ich in die Welt, um zu sehen, wo es mich am Ende hin verschlagen wird.
Nun lebe ich, wie gesagt, zurzeit in Indien.

Oft werde ich gefragt, ob ich meine Weisheiten durch das Reisen oder durch Gespräche mit buddhistischen Mönchen oder Jogis in Indien gewonnen habe.
Es ist witzig, obwohl ich mit buddhistischen Mönchen befreundet bin und wir manchmal über das Leben philosophieren, hatte ich meine Erkenntnisse schon vor dieser Zeit.
Ich habe ein paar Geschichten von meiner Reise in diesem Buch erwähnt.

Etwas zum Nachdenken

- Hängt unsere Freude und Glück von der Meinung und Launen anderer ab, haben wir unser Glück nicht mehr selbst in der Hand. Wenn wir warten, bis wir geliebt oder gemocht werden, wenn wir nur dann unsere Leistungen gut heißen, wenn es andere auch tun, wenn wir unser Glück und unseren Frieden von der Meinung anderer abhängig machen, werden wir nie unser Glück selbst in der Hand haben. Dazu zählt auch, wenn wir warten, bis andere anfangen, warten, bis andere auf uns zu gehen, dann haben wir unser Glück auch nicht selbst in der Hand.

- Wenn wir uns durch vergangene Misserfolge oder Erlebnisse, die negativ waren, beeinflussen und unterkriegen lassen, leben wir in der Vergangenheit. Denn diese Misserfolge und Erlebnisse sind für uns noch immer wichtig und somit haben wir sie in die Gegenwart mitgenommen. Genauso ist es auch, wenn wir nicht verzeihen können, leben wir noch immer im Groll von längst vergangenen Tagen. Denn es ist für uns noch immer im Hier und Jetzt und somit für uns noch immer Realität. Wir leben es in der Gegenwart noch immer. Wir sollten unsere Gegenwart nicht durch die Vergangenheit beeinflussen lassen.
Wir sollten abschließen mit Geschehenem, es vergessen und somit im Hier und Jetzt leben.

- Wenn wir uns auf unsere Probleme konzentrieren, erzeugt das negative Gefühle und Stress. So leben wir dann auch in diesen negativen Gefühlen und in Stress. Konzentrieren wir uns auf Positives oder auf die Lösung, wie wir unser Probleme lösen könnten, umgeben wir uns bereits mit

Positivem und so kann sich auch die Situation verändern. Wir lenken unsere Gedanken in eine produktive Richtung. Denken wir zu viel über unsere Probleme nach, dann umgeben wir uns mit dem, was alles nicht passt, anstatt uns auf die Lösung zu konzentrieren. Wir sollten nicht zu viel über unsere Probleme nachdenken und in ihnen leben, sondern bereits die Lösung sehen und uns auf die Lösung konzentrieren. Es ist viel effektiver über die Lösung nachzudenken, als über unsere Probleme.

- Streben wir Perfektion an, werden wir immer enttäuscht werden. Bleiben wir wir selbst und freuen uns über das Erreichte, ist das viel produktiver und auch realitätsnäher. Strebt keine Perfektion an, denn wir sind nicht perfekt.

- Grenzen sind dazu da, um überwunden zu werden. Wir machen uns unsere Grenzen selbst, bis wir merken, dass das Unüberwindbare überwindbar ist. Nichts muss so sein, wie es ist. Wir müssen nichts hinnehmen. Das Unmögliche zu schaffen gelingt einem nur, wenn man es für möglich befindet.

Kapitel 1
Wie unser Geist und unsere Anziehungskraft funktionieren

Dieses Kapitel zeigt, wie wir unser Leben in eine positive Richtung lenken können.

Selbstverantwortlich sein

Wir sind für vieles, das in unserem Leben geschieht, selbst verantwortlich. Was wir in unserem Leben finden werden, wird davon bestimmt, wonach wir leben und was wir aussenden.
Es ist auch so, dass sich unsere immer wiederholten Gedanken manifestieren werden. Manifestieren ist das Wahrwerden unserer Gedanken.

Wonach leben wir? Leben wir nach Glück oder nach Negativität? Wenn wir unsere Ängste und negativen Gedanken leben, dann wird unser Leben auch genauso negativ ausschauen. Ein negativer Geist wird niemals etwas Positives produzieren. Wenn wir Negativität aussenden, werden wir auch Negativität bekommen. Menschen und Situationen reagieren auf uns.

Menschen, die immer ihre Ängste leben und auf ihre negativen Gedanken hören, schneiden sich vom Positiven ab, sie leben in Negativität. So kann auch nicht viel Positives zu ihnen kommen.
Negatives kann jedem einmal passieren, aber die Menschen, deren Leben von Negativität und Ängsten bestimmt wird, werden viel mehr negative Situationen in ihr Leben ziehen.

Wenn wir in allem so viel Schlechtes sehen und unsere Ängste ausleben, werden wir auch genau das bekommen. Es kann sich nicht viel Positives aus Dunkelheit entwickeln.

Wenn wir wollen, dass viel Liebe und viel Positives zu uns kommen, dann müssen wir es bei uns verändern, in uns, an unserer Einstellung. Wir müssen ins Positive kommen. Unser Umfeld reagiert auf uns.

Es bringt nichts, zu hoffen, dass Positives zu uns kommt, denn es wird nicht kommen, solange wir im Dunkeln sind.

Viele denken, sie sind abhängig von der Außenwelt und fragen sich, wie sie ihre Einstellung verändern könnten, wenn sie im Außen doch sehen, wie schlimm alles ist. Sie verstehen aber nicht, dass sie das bekommen, was sie in sich haben. Es bringt nichts zu warten bis die Außenwelt sich verändert und erst dann wollen wir uns auch verändern. Denn die Außenwelt reagiert auf uns. Wollen wir also etwas verändern, müssen wir die Veränderung leben.

Genauso ist es, wenn wir glücklich sein wollen. Wir müssen zuerst glücklich sein, nur so kann Glück zu uns kommen. Wenn wir ständig Situationen oder Menschen hinterherrennen, weil wir glauben, das Glück darin zu finden, dann werden wir nie glücklich sein. Wir müssen glücklich sein, dann wird das Glück kommen, nicht umgekehrt.

Ein Beispiel für eine negative Lebenshaltung:

Ich kenne Menschen, die es, zugegeben, nicht leicht haben im Leben, sie haben kein Glück in der Liebe, von der Arbeit ist auch kein Glück zu erhoffen, denn dort sind sie auch unzufrieden. Sie leben ihr Leben dahin, unglücklich natürlich, voller negativer

Gedanken, wie schlecht die Welt doch ist.

Es wird nur geschimpft über die anderen, ein aufmachen und sagen, ich lasse andere an mich ran, gibt es nicht. Wie kommen sie auch dazu, die anderen sind ja alle nur böse und wollen ihnen wieder etwas Schlechtes. Diese Menschen leben in absoluter Negativität und das ist auch ihre Grundeinstellung.

Es ist doch so, diese oben genannten Menschen haben deswegen so ein Leben, weil die Negativität sie besitzt und sie dem Mangel folgen.

Solche Grundeinstellungen sind der Grund, warum solchen Menschen immer wieder Schlechtes zustößt. Es ist nicht so, dass sie so wurden, weil ihnen immer Schlechtes widerfahren ist, sondern ihnen ist immer Schlechtes widerfahren – wegen ihrer Grundeinstellung. Negatives kann jedem passieren, aber die Frage ist: Wie gehen wir damit um und was ist unsere Grundeinstellung vom Leben? Was dann auch der ausschlaggebende Grund ist, ob wir mehr Negatives in unser Leben ziehen werden oder mehr Positives. Wie gesagt Negatives kann jedem einmal passieren, aber ob wir von Negativem überhäuft werden oder vom Glück, das hängt von uns ab.

Diese Grundeinstellung kann man gut erkennen, wenn man Menschen, die eher positiv denken in die gleiche Situation bringt, denn diese Menschen würden, wenn ihnen Schlechtes widerfährt (Schlechtes kann jedem widerfahren), nicht gleich aufgeben oder die Welt als schlecht beschimpfen. Positive Menschen würden nicht gleich in ein tiefes Loch fallen und sich nicht so persönlich angegriffen fühlen. Sie würden einfach aufstehen und weitermachen ohne viele negative Gedanken zu haben, ohne ihre Ängste zu leben, sie würden weiterhin offen durch die Welt gehen. Sie können viel besser mit Schmerz und Enttäuschungen umgehen. Diese oben genannten Menschen sind aber von vornherein viel negativer eingestellt und leben ihre

Ängste. Hier kann man die Grundeinstellung dieser Menschen sehen. Sie haben eine negative Grundeinstellung, die auf Angst und Mangel beruht. Diese Grundeinstellung haben sie generell in sich. Denn auch im Heute, im Jetzt, haben sie diese Grundeinstellung noch immer, denn sie könnten doch auch jetzt etwas an ihrer Einstellung ändern. Tun sie aber nicht. Sie schimpfen die Welt weiterhin als schlecht, machen gegenüber anderen nicht auf und folgen weiterhin ihren Ängsten.

Man glaubt immer, die schmerzhaften Erlebnisse, die uns zustoßen, machen uns zu dem, was wir sind. Das stimmt in gewisser Weise wohl auch, dennoch kann man an der Grundeinstellung der Menschen sehen, warum sie in Wahrheit so tief gefallen sind und warum auch immer wieder Negatives in ihr Leben gekommen ist, warum sie regelrecht mit negativen Situationen überhäuft wurden.

Wie können wir aber mit unseren Ängsten umgehen? Ladet sie zu euch ein. Akzeptiert sie, in dem Moment, in dem ihr sie akzeptiert, werden sie sich auflösen. Ängste wollen nicht dort sein, wo es Licht, Liebe und Akzeptanz gibt. Stellt euch das Schlimmste vor, das ihr euch vorstellen könnt, das, vor dem ihr am meisten Angst habt. Ladet diese Angst zu euch ein. Stellt sie euch wie eine Person vor, die vor euch sitzt. Redet mit ihr ganz normal, wie ihr mit einem Freund reden würdet. Schaut sie euch an, ist sie wirklich so schrecklich? Sagt ihr, dass sie jederzeit kommen kann, dass ihr immer für sie offen seid. In dem Moment wird sie verschwinden, weil ihr keine Angst mehr vor ihr habt. Ladet die Angst also zu euch ein.

<u>Beispiele für eine positive Lebenshaltung:</u>

Wir müssen viel mehr vertrauen und dürfen nicht unseren Ängsten verfallen. Zum Beispiel habe ich während meiner Reise durch die Welt, als ich in New York ankam, mir gedacht, wie ich in New York ganz alleine zurechtkommen sollte, denn alles war so riesig und ich kannte mich gar nicht aus. Ich habe mir aber nicht zu viele Gedanken darüber gemacht, war weder verzweifelt noch hatte ich Angst. Ich war überzeugt davon, dass ich schon damit klar kommen werde und ich eine Lösung finden werde. Ich habe dann gleich am ersten Tag einen New Yorker kennen gelernt, der mir die Stadt zeigte und mich herumführte. Ich war sehr froh darüber, denn so konnte ich mich nicht verlaufen und hatte auch einen Einheimischen bei mir, der mir alles zeigen konnte. Genauso war es auch in Japan. Ich habe jemanden getroffen, der mich herumführte. In Paris verlor ich mein ganzes Gepäck in einer Wohnung, zu der ich nicht mehr zurückfand, und ich hatte auch keine Unterkunft mehr. Dann traf ich ein Mädchen, das mir ihre Wohnung als Unterschlupf anbot. Die Situation war Folgende: Ich ließ mein Gepäck in einer Unterkunft, die ich für diese Nacht gebucht hatte. Ich war nicht alleine, denn vorher traf ich noch ein Mädchen, ihr Name war Nici, mit der teilte ich mir die Unterkunft. Sie schrieb Telefonnummer und Adresse der Unterkunft auf. Danach gingen wir aus, wir wollten uns Paris anschauen. In einer Menschenmasse verlor ich Nici. Zu blöd auch, dass sie die Kontaktdaten unserer Unterkunft hatte. Ich konnte mich gerade noch an den Weg zurück erinnern, doch nicht an den Namen der Straße, in der unsere Unterkunft lag. Paris ist riesig mit riesigen Straßen und jede sieht fast gleich aus. Ich ging dort jede Straße ab, nicht nur einmal. Ich konnte die Wohnung aber nicht finden, wusste aber, sie musste hier in der Nähe sein. Nach sechs Stunden suchen und geschwollenen

Füßen, allein in einer fremden Stadt ohne Unterkunft und ohne Gepäck, noch dazu war es inzwischen Mitternacht und es war dunkel, bin ich einem Mann begegnet, der mich ansprach und mir seine Hilfe anbot. Zuerst versuchte er mir über das Internet die Straße oder die Besitzerin der Unterkunft ausfindig zu machen. Das hatte ich zuvor auch schon probiert und es hat nicht funktioniert. Er fragte mich dann, ob ich denn nicht in der Wohnung seiner Freundin übernachten möchte. Diese Wohnung war frei, denn die beiden waren ein Pärchen und seine Freundin, ihr Name war Lisa, wohnte bei ihm. Er rief seine Freundin an, die daraufhin zu uns kam. Lisa gab mir die Schlüssel für die Wohnung und meinte, ich könnte so lange in der Wohnung bleiben, wie ich wollte, ohne Bezahlung. Ich hab dankend angenommen. Mir wurde eine fremde Wohnung, von einem fremden Mädchen, das mich nicht kannte, angeboten. Ich war alleine in dieser Wohnung und Lisa sagte tatsächlich zu mir, ich könnte so lange, wie ich wollte in ihrer Wohnung bleiben. Am nächsten Tag, gleich früh morgens, ging die Suche nach meinem Gepäck weiter. Dieses Mal fand ich die andere Wohnung, in der mein Gepäck war, und nahm all meine Sachen mit. Gestohlen wurde mir nichts. Ich habe die Schlüssel, nachdem ich mein Gepäck gefunden hatte, wieder zurückgegeben und mich sehr sehr bei Lisa bedankt.

Diese Geschichte und auch die Geschichten in New York oder Japan sind nur ein paar Geschichten aus meinem Leben, tatsächlich könnte ich aber sehr viele solcher Beispiele erzählen. Der Grund, warum ich immer wieder Hilfe bekomme, ist der, weil ich davon ausgehe, dass sich alles zum Guten fügen wird, ich eine Lösung finden werde oder mir in brenzlichen Situationen geholfen wird. Ich hätte auch voller Angst sein können, da ich um Mitternacht alleine auf der Straße, ohne Unterkunft, noch immer nach meinem Gepäck gesucht habe und nicht wusste, wo ich diese Nacht schlafen sollte. Hatte ich aber nicht, ich hatte überhaupt keine Angst. Ich war ohnehin so damit beschäftigt, mein Gepäck und diese Unterkunft wiederzufinden, dass ich gar nicht auf die Uhr schaute. Nicht mal als es dunkel wurde, blickte ich auf die Uhr. Irgendwann schaute ich auf die Uhr und merkte, dass es zwölf Uhr war und ich noch nicht einmal einen Schlafplatz für diese Nacht hatte. Ich verfiel aber nicht in Panik oder in Angst, weil es Mitternacht war und ich alleine im Dunkeln mitten in Paris ohne Unterkunft stand. Sondern ich beschloss, die Suche für heute aufzugeben und morgen weiterzusuchen. Ich beschloss, mir nun eine Unterkunft für diese Nacht zu suchen. Meistens findet man in einem Hotel sowieso noch freie Zimmer, nur wären die eben teurer gewesen. Fünf Minuten später traf ich diesen netten Jungen mit seiner netten Freundin, die mir ihre Wohnung anbot. Dank Lisa ersparte ich mir viel Geld, denn in Paris ist ohnehin alles sehr teuer.

Genauso ist es jedes Mal in meinem Leben gewesen. Ich muss aber auch dazu sagen, dass ich auch immer bereit bin, Hilfe zu geben. Ich bin genauso offen wie diese Menschen, die mir in meinem Leben begegnet sind und mir geholfen haben. Ich würde auch jedem Menschen helfen.

Fazit der Geschichte ist, niemand ist davon befreit, dass er einmal Pech hat oder ihm Schlimmes passiert, aber die Einstellung, in der man lebt, und die Gedanken, die man aussendet, sind wichtig für das, was als Nächstes geschieht. Sie sind auch wichtig für das, was wir meistens in unserem Leben anziehen und was in unserem Leben geschieht. Ich gehe generell davon aus, dass ich immer Hilfe bekommen werde oder dass ich immer eine Lösung finden werde. Noch dazu lebe ich nicht in Angst. Wo andere schon in Panik verfallen, weil sie z.B. ihr Gepäck nicht finden. Wo andere schon voller Angst sind, weil es Mitternacht ist, es dunkel ist und sie alleine auf der Straße sind, bin ich noch immer ruhig und ohne Ängste geblieben. Ich hatte keine Ängste, weil ich Vertrauen habe, dass ich immer Hilfe bekommen werde. Ich habe Vertrauen in mich, dass ich immer alles schaffen werde, und sich eine Lösung ergeben wird. Ich gehe einfach davon aus, dass es so sein wird. Ich bin auch davon ausgegangen, dass ich die Unterkunft und mein Gepäck auf jeden Fall wieder finden werde. Ich hatte keine Panik oder Ängste, dass es nicht so sein könnte. Und wie gesagt bin ich genauso offen, und würde Menschen auch immer helfen.

Menschen und Situationen reagieren also auf uns. Wollen wir, dass Glück zu uns kommt, müssen wir Glück in uns haben. Wir müssen Glück leben, und dafür müssen wir aufhören, unseren Ängsten und negativen Gedanken zu folgen.

Hier geht es auch um unser Handeln und die Person, die wir sind. Wenn wir uns z.B. zu einem Opfer machen lassen und wir immer diese Rolle einnehmen, dann werden wir auch viel öfter Täter oder Menschen, die auch Opfer sind, anziehen. Opfer ziehen Täter an.
Wenn wir nicht bei uns selbst sind, immer darauf achten, dass wir gefallen, dass wir brav sind, es immer den anderen recht machen wollen, uns unterwerfen oder auf Liebe von anderen warten und erhoffen, dann werden wir auch viel öfter Menschen anziehen, die uns nicht lieben, die uns unterwerfen, die nicht nett zu uns sind. Wir haben uns selbst zum Opfer gemacht und somit werden wir auch öfter Täter in unser Leben ziehen oder Menschen, die genauso Opfer sind.
Wollen wir geliebt werden, müssen wir zuerst uns selbst lieben.

Sicherheitsdenken

Oft bilden wir uns aufgrund unserer Ängste ein, wir müssten uns viel Schutz anhäufen. Schutz vor der bösen Außenwelt. Schutz wehrt aber auch alles Gute ab. Denn was heißt Schutz? Abwehr! So kann auch nicht viel Gutes zu uns kommen. Was schlussendlich auch ein Grund ist, warum uns viel Schlechtes widerfahren kann.

Schutz sorgt dafür, dass wir anfangen, uns an das zu klammern, was wir haben und anfangen, uns Dinge anzusammeln, die uns Schutz geben sollen. Wir fangen an, andere wegzustoßen, weil sonst für uns zu wenig da sein könnte.
Der Schutz schneidet uns von der Liebe und vom Glück ab. Wenn jemand anfängt, immer mehr und mehr Schutz aufzubauen, wird er am Ende sicher kein erfüllendes Leben haben. Er wird immer mehr und mehr Mangel haben.
Wer alles bei sich behält, nicht bereit ist zu geben und viel Schutz aufbaut, dem wird auch nichts geschenkt werden. Wer bereit ist zu geben, der wird auch viel erhalten. Eigener Mangel in uns wird noch mehr Mangel produzieren, Glück und Liebe in uns werden noch mehr Glück und Liebe produzieren.

Der beste Schutz ist es, offen zu sein. Offen für alles und jeden. Hören wir auf den Mangel, werden wir immer mehr Mangel haben, egal wie viel Schutz wir anhäufen, die Angst, die Missgunst, der Mangel werden nicht aufhören. Es wird immer mehr werden. Wir werden dann auch nur Negatives in unser Leben ziehen, Personen, die schlecht mit uns umgehen oder schlechte Situationen, wodurch wir denken, wir bräuchten noch mehr Schutz und es wird noch schlimmer werden. Ein Teufelskreis.

Manche von euch werden vielleicht denken, dass ihr Leben nicht so sehr von Negativität und Ängsten befallen ist und haben wahrscheinlich auch nicht so eine negative Grundeinstellung, sind offener und hilfsbereiter, positiver und lockerer. Aber bedenkt: Auch ihr habt negative Gedanken. Immer dann, wenn der Mangel und die Angst über euch siegen. Lasst nicht zu, dass solche Gedanken euer Handeln bestimmen.

Hören wir also auf, uns selbst zu armen Wesen zu machen, denen das Leben so böse mitgespielt hat, wir sind nicht angewiesen auf die Welt oder auf Menschen, wir können immer fröhlich und voller Freude sein.

Wir sollten offen und positiv sein, uns nicht von unseren Ängsten und negativen Gedanken beherrschen lassen. Sondern fröhlich, glücklich und offen sein, für alles und jeden. So kann Positives zu uns kommen.

Manifestationen und Wünsche

Wir sollten auch auf unsere Gedanken acht geben, denn sie könnten Realität werden.

Das, woran wir glauben, und die Überzeugung, in der wir leben, wird unsere Realität und wird sich auch in unserem Leben zeigen. Dabei ist es wichtig zu wissen, dass die Dinge, an die wir insgeheim wirklich glauben, und unsere wahren Überzeugungen, real werden und unser Leben bestimmen.

Wenn wir also an der Oberfläche glauben, wir haben es verdient, geliebt zu werden oder wenn wir uns einen Partner wünschen, der uns liebt und respektiert, wir aber insgeheim glauben, dass wir es nicht verdient hätten, geliebt zu werden, dann wird das real, woran wir insgeheim wirklich glauben, da das unsere wahre Überzeugung ist.

Viele wundern sich, wieso gerade ihnen dies oder jenes passiert, ohne sich bewusst zu sein, dass sie es mit ihren Gedanken produziert haben. Wenn wir z.B. ständig denken: „Ich kann gar nicht geliebt werden, das geht gar nicht, ich werde sowieso wieder jemanden treffen, der mich nicht liebt und fallen lässt", dann werden wir das auch so produzieren. Deswegen ist es auch wichtig, sich mit seinen wahren Überzeugungen auseinander zu setzen. Von manchen Leuten höre ich „Sicher habe ich es verdient, geliebt zu werden, ich weiß doch sowieso, dass ich wertvoll bin", und sie verstehen nicht, was ihre Gedanken mit ihrem Umfeld zu tun haben sollen, denn sie denken doch niemals, dass sie nicht geliebt werden können. Insgeheim denken sie es aber sehr wohl, und sind sich dessen nicht bewusst. Die stärkste Macht in uns, die stärkste Überzeugung, das stärkste Gefühl, wird real. Unsere gegebenen Tatsachen, nach denen wir leben, an die wir glauben, und unsere Überzeugungen werden real. Natürlich aber auch unsere bewussten Gedanken, wenn sie mit unseren Überzeugungen und Tatsachen, nach denen wir leben, übereinstimmen.

Gefühle wie Angst und Panik haben eine besondere Kraft und manifestieren sich besonders schnell. Deswegen kann es dann auch sein, dass wir Dinge in unser Leben ziehen, die wir am wenigsten in unserem Leben haben wollen.

Es ist faszinierend, wie gut unser Geist funktioniert. Wenn wir ständig dieselben Gedanken haben, wie zum Beispiel: „Das schaffe ich nicht, das geht nicht, das kann ich nicht!", dann werden wir es auch nicht schaffen. Unser Körper und unser System befolgen all unsere Wünsche. Wenn wir also ständig sagen: „Das geht nicht!", wird unser Körper Maßnahmen ergreifen, sodass es wirklich nicht geht. Ständig wiederholte Gedanken sind wie ein Mantra oder ein Gebet, das wir ständig und immer wieder in unser System ziehen, und früher oder später Realität wird.

Wünsche

Bei unseren Wünschen verhält es sich genauso. Manche Menschen wundern sich, wieso – wenn wir doch alles produzieren können - ihre Wünsche und Träume nicht real werden. Sie verstehen nicht, dass sie in Wirklichkeit bereits ihre wahren Gedanken produzieren. Denn sie sind sich nicht bewusst, was ihre wahren Überzeugungen und gegebenen Tatsachen, nach denen sie leben, sind. Wir müssen positiv gestimmt sein und nach der Überzeugung leben, dass alles ganz sicher so kommen wird, wie wir uns das vorstellen. Bitten oder flehen wir um das, was wir uns wünschen, dann leben wir in Angst, oder wir haben einen Mangel, weil wir das Gewünschte nicht besitzen, und glauben wahrscheinlich daran, dass es in Zukunft auch nicht kommen wird, weswegen wir auch bitten und flehen müssen. Und genau so wird es dann in Zukunft aber auch nicht kommen. Mit Ängsten verhält es sich genauso; wenn wir in Angst leben, werden sich unsere Ängste manifestieren, weil unsere Ängste das sind, woran wir wirklich glauben und wonach wir momentan auch leben. Es bringt nichts, sich etwas zu wünschen oder darum zu bitten, wenn wir in Angst leben, denn es wird nicht kommen. Kommen werden unsere Überzeugungen, nach denen wir momentan leben, und die gegebenen Tatsachen, an die wir glauben.

Genau das wird sich in Zukunft bilden. Genauso, wenn wir uns einen Partner wünschen, der uns für immer liebt; glauben wir aber daran, dass das sowieso nicht passieren kann, dann wird es auch nicht passieren. Weil unsere tiefsten Überzeugungen und gegebenen Tatsachen, nach denen wir leben, sind: „Ich kann nicht geliebt werden!"

Viel wirkungsvoller als darum zu bitten, was wir uns wünschen, ist es also, davon überzeugt zu sein, dass unser Wunsch ganz sicher kommen wird, und auch nach dieser Überzeugung zu leben.

Es ist also egal, ob wir uns etwas wünschen oder ob es um das tägliche Leben geht. Wir produzieren immer das, was unsere wahren Überzeugungen sind.

Manchmal haben wir mit unserem Visualisieren so eine Kraft aufgebaut, zum Beispiel weil wir so eine Angst hatten, dass eine bestimmte Situation eintreffen könnte, dass wir damit von Anfang an gleich andere damit angesteckt haben, und diese jetzt unsere Ängste auch fühlen können. Auch unsere Gedanken sind regelrecht in ihr System übergegangen. So kommt es vor, dass man sich z.B. gedacht hat, „Bitte fang jetzt ja nicht zum Streiten an! Wir sind gerade in der Öffentlichkeit!", und der andere aber daraufhin sofort zum Streiten anfängt. Man muss bitte auch bedenken, unser Unterbewusstsein kennt kein „nicht" und „kein". Schnurstracks hat der andere auf uns reagiert.

Ich sage jetzt nicht, dass so ein Gedankenaustausch mit dem anderen immer stattfindet, aber unsere Gedanken und Gefühle haben Einfluss und gehen auf andere Menschen über. Immer wiederkehrende Gedanken wie „Der/Die liebt mich sowieso nicht, warum sind wir überhaupt zusammen", wird auch Einfluss auf die andere Person haben. Ich sage jetzt nicht, dass man eins zu eins bekommt, was man sich denkt, sprich, dass die Person dann tatsächlich aufhören wird, uns zu lieben. Denn sollte es wirklich Liebe sein, haben wir nicht so einen starken Einfluss auf andere. Jedoch wird es aber seine oder ihre Gefühle oder die Freude, mit mir zusammen zu sein, beeinflussen.

Dies passiert ständig und täglich mit uns und auch mit anderen. Unsere Ängste werden sich also manifestieren, und wahr werden. Auch, wenn wir das gar nicht wollen. Es wir das real, was unsere tiefsten Überzeugungen sind.

Es ist besser für uns und andere, wenn wir die Liebe und das Positive leben, wenn wir bei uns sind, und somit generell positive Gedanken aussenden.

Beachtet beim Wünschen:

- macht euch eure tiefsten Überzeugungen, Gefühle und Gedanken bewusst, denn das wird das sein, was ihr schlussendlich manifestieren werdet. Wundert euch also nicht, wenn ihr eigentlich einen ganz anderen Wunsch hattet, als der, der eintrat. Denn ihr bekommt das, woran ihr wirklich glaubt und was eure wahren Überzeugungen sind.

- glaubt daran, dass es passieren wird. Zu flehen, oder es mit vielen Bitten zu überhäufen, zeigt nur, dass ihr eigentlich nicht daran glaubt, dass es eintreffen wird.

- lebt nach der Überzeugung, dass euer gewünschtes Resultat ganz sicher kommen wird. Stellt es als Tatsache hin, die ganz sicher kommen wird oder schon auf dem Weg ist. Glaubt daran, seid davon überzeugt und lebt nach dieser Überzeugung.

- stellt euch nicht das vor, was ihr eigentlich nicht wollt, denn dann bekommt ihr, was ihr eigentlich nicht wolltet. Formuliert Sätze positiv; denkt daran, das Unterbewusstsein kennt kein „nicht" oder „kein". Statt zu sagen: „Heute wird mir nichts Schlimmes passieren", sagt ihr: „Heute wird mir nur Gutes passieren."

Dies gilt aber nicht nur für Wünsche, sondern für das ganze Leben.
Deswegen will ich darauf hinweisen, wenn ihr einen bewussten Wunsch habt, glaubt daran und lebt so, als ob das Gewünschte ganz sicher kommen wird, aber seid euch noch viel mehr eurer täglichen Überzeugungen und den Glauben, nach denen ihr bereits lebt, bewusst. Versteht, dass ihr ohnehin schon jeden Tag laut euren Vorstellungen und Überzeugungen lebt. Ihr produziert ständig. Seid ihr euch eurer tiefsten Überzeugungen und Glauben bewusst, könnt ihr euer Leben verändern. Denkt immer daran, produzieren tut ihr sowieso, macht euch nur bewusst in welche Richtung ihr produziert.

Ein Beispiel:

Ich habe eine Freundin, die eine sehr starke Kraft für das Visualisieren hat. Ihr sind einige positive Dinge passiert, die andere nicht für möglich gehalten hätten. Diese Dinge sind passiert, nur weil sie daran geglaubt hat, dass es so kommen wird. Genauso konnte ich ihr auch jedes Mal sagen, dass sie in den nächsten Stunden Streit mit ihrem Freund haben wird, wenn sie weiterhin so denkt, wie sie dachte. Das war dann auch immer so. Aber nicht, weil sie auf ihn losging. Sie hatte sich lediglich aufgeregt über ihn. Obwohl sie gar keinen Streit wollte, war sie bereits in der Überzeugung, dass es heute Streit geben wird. Sie versuchte, diese Überzeugung nicht zu leben, denn wie gesagt, sie wollte ja eigentlich keinen Streit. Wodurch auch noch Angst dazu kam. Es kam dann jedes Mal zum Streit. Einmal war ich sogar dabei, sie tat gar nichts, war sogar ganz nett zu ihm. Er konnte also auch gar nicht wissen, worüber wir geredet hatten, und da sie auch nicht ungut zu ihm war, gab es eigentlich kein Streitthema. Aber irgendwie hat er wohl ihre Energie wahrgenommen. Es kam zu dem Streit, den sie sich vorher vorgestellt hatte, obwohl sie wie gesagt doch gar keinen Streit wollte.

Ein anderes Beispiel:

Ich habe während meiner Reise durch die Welt mir auch sehr viele Dinge vorgestellt, und habe einfach daran geglaubt, dass es so eintreffen wird, wie ich es mir vorgestellt hatte. Zum Beispiel wollte ich viele Einheimische kennenlernen. Wie gesagt meine Reise war keine normale touristische Reise. Da ich nicht wusste, wie lange ich an einem Ort bleiben würde, wollte ich auch mit

Leuten zu tun haben, die wirklich in diesem Land lebten.
Mich hat es überhaupt nicht interessiert, die normalen Touristenrouten abzulaufen und mich wie ein Tourist zu fühlen und alle Sehenswürdigkeiten anzusehen. Ich wollte Chancen bekommen, Arbeit zu finden, um eine Zeit dort bleiben zu können, wollte viele Einheimische kennenlernen und neue Erfahrungen sammeln. Und so habe ich mir das ungefähr in jedem Land vorgestellt. Vor der Reise war mir schon klar, genauso will ich das, und etwas anderes kommt sowieso nicht in Frage. Es war meine Überzeugung, es wird so kommen, wie ich mir das vorstelle.

Ich habe dann tatsächlich in fast jedem Land, in dem ich war, Einheimische kennengelernt, die mich auch in ihr Haus eingeladen haben, und mit einigen habe ich bis heute eine Freundschaft. Ich kann in fast jedem Land, das ich besuchte, auf einen nennenswerten Erfahrungsschatz zurückgreifen, was das heimische Leben in jedem Land betrifft. Ich fühlte mich auch in einigen Ländern zu Hause und blieb dort auch einige Zeit, lebte dort mit meinen Freunden, bis ich mich irgendwann entschied, jetzt kann es weitergehen. Auch Arbeit wurde mir in manchen Ländern angeboten. Alles kam genauso, wie ich es mir vorgestellt hatte und wie ich es wollte, weil ich daran geglaubt habe und es meine Überzeugung war, dass meine Vorstellungen wahr werden. Ich wollte in jedem Land Einheimische kennenlernen, die mich in ihr Haus einladen, ich wollte Arbeit angeboten bekommen, ohne sie lange suchen zu müssen. Ich wollte mit
den Menschen dort leben, und genauso kam es auch. Und schlussendlich bin ich vorerst in Indien sesshaft geworden. Vorerst.

Ein anderes Beispiel:

Ich habe vor ein paar Jahren versucht, die Beziehung zwischen mir und einem heutigen Ex-Freund zu retten, in dem ich mir vorgestellt hatte, es sei jetzt alles in Ordnung zwischen uns. Ich habe danach gelebt, als ob jetzt wirklich alles in Ordnung wäre. Ich habe unsere Probleme nicht ignoriert, aber ich habe mich auf die Liebe konzentriert und mir vorgestellt, dass wir ein perfekt aufeinander abgestimmtes Paar sind, das jetzt einfach ein paar Probleme hat. Ich hab den Problemen die Macht entzogen, indem ich ihnen einfach nicht mehr so viel Kraft gab und an sie glaubte. Stattdessen konzentrierte ich mich darauf, dass wir eine perfekte Liebe haben und ein eigentlich perfektes Paar sind.

Nicht nur, dass ich also den Problemen die Macht entzog, sondern ganz wichtig dabei war auch, dass ich uns als perfektes Paar, mit wundervoller Liebe sah, und das wirklich so fühlte und auch danach lebte. Ich habe diese wundervolle Beziehung im Jetzt gelebt.

Es hat keine zwei Tage gedauert und unsere Beziehung war dann auch so perfekt. Wir konnten auf einmal normal über Dinge reden, anstatt zu streiten und es entwickelte sich Verständnis zwischen uns. Wir konnten auch über unsere Probleme normal reden und konnten Lösungen finden. Die Hälfte unserer Probleme haben sich damit schon in Luft aufgelöst, weil anstatt Wut und Unverständnis jetzt Liebe regierte, Freundschaft und Verständnis, wir uns zuhörten und vertrauten. All diese Gefühle kamen automatisch, wo vorher nur Unverständnis und Wut waren. Aus diesem Grund haben sich viele unserer Probleme schon mal gelöst und über die Probleme, die wir noch hatten, über die konnten wir jetzt normal reden und eine gemeinsame Lösung finden.

Ein paar Tage später konnte ich dann nicht mehr daran glauben, dass es so leicht wäre und dass es jetzt wirklich so gut läuft zwischen uns. Und prompt hatten wir wieder die gleichen Probleme wie früher. Auch die gleiche Beziehung wie früher, als ob die paar schönen Tage nie gewesen wären. Ich habe dann zum zweiten Mal die perfekte Beziehung visualisiert. Und schnell hat sich wieder alles zum Guten gewendet. Man bedenke, es handelt sich hier aber nicht um eine normale Beziehung, wo es mal Streit gibt und ein paar Tage später passt dann wieder alles.

Denn so eine perfekte Beziehung, wo wir wirklich miteinander reden konnten und eigentlich alles passte, hatten wir noch nie gehabt. Die ganze Zeit, in der wir zusammen waren, hatten wir das nicht. Nach meiner Visualisierung, in der ich uns als perfektes Paar sah, konnten wir auf einmal über Dinge reden, über die wir vorher nie reden konnten, und wir verhielten uns auch in Streitsituationen anders. Als ob wir zwei ganz andere Menschen wären, die sich neu begegnen und jetzt liebevoll und voller Achtung und Freundschaft miteinander umgehen. Es war eine total andere Beziehung. Es fühlte sich auch so an, ganz fremd und anders, auch, als ob wir uns als Personen verändert hätten.

Als ich es dann nicht glauben konnte, dass es wirklich so gut läuft, haben sich meine Ängste wieder breitgemacht und ich habe alles negativ visualisiert. Und somit war unsere Beziehung gleich wie früher.

Schlussendlich haben wir uns getrennt, weil wir unterschiedliche Interessen hatten und eigentlich auch gar nicht wirklich wollten, dass diese Beziehung noch eine Chance hat. Hätten wir es aber gewollt, hätten wir es mit meiner Visualisierung geschafft. Ich habe es in diesem Beispiel gleich als gegebene Tatsache gelebt, dass wir jetzt die beiden Menschen sind, die eine wundervolle Beziehung haben.

Hier kann man auch sehen, dass es ganz wichtig ist, wenn ihr etwas visualisiert, bleibt dem treu und glaubt daran, sonst kann es schnell passieren, dass sich alles wieder umkehrt.

Ihr müsst auch bedenken, ich habe hier bewusst meinen Wunsch von einer perfekten Beziehung im Jetzt gelebt. Nicht nur, dass ich danach gelebt habe, dass es ganz sicher kommen wird, sondern ich habe die perfekte Beziehung schon im Jetzt gelebt. Aber genau solche Dinge passieren täglich, weil wir uns unbewusst Dinge vorstellen. Glauben wir daran, dass alles perfekt ist oder dass wir alles schaffen können, dann kommt das auch so. Können wir es dann wieder nicht glauben oder machen sich unsere Ängste breit, dann wird das Realität werden.

Ein anderes Beispiel:

Als ich einst eine supertolle Wohnung haben wollte und natürlich auch noch billig, war für mich klar, dass ich dies auch erreichen würde. Ich habe mir öfter vorgestellt, wie ich denn schon in dieser Wohnung wäre, und wie glücklich ich bin, dass sie so schön ist und trotzdem so günstig. Ich hab mich nicht hingesetzt und bewusst visualisiert, es kam einfach, und ich habe mir das des Öfteren vorgestellt. Außerdem war mir klar, und es war meine innere Überzeugung, dass ich so eine Wohnung finden würde. Eines Tages fand ich diese supertolle Wohnung dann auch und günstig war sie auch noch, was sehr überraschend war, weil es eigentlich „Glück" war, dass ich diese Wohnung fand; alle anderen Wohnungen rundherum waren bei weitem nicht so günstig und für so eine schöne Wohnung war der Preis wirklich niedrig. Ich bin sofort eingezogen.

Das waren nur ein paar Beispiele, aber man bedenke: So gut, wie es in die positive Richtung funktioniert, funktioniert es auch in die negative Richtung. Und ich habe bei den Beispielen aus meinem Leben einfach daran geglaubt, es wird so kommen, oder bereits danach gelebt. Es waren meine Überzeugungen oder ich habe mir unbewusst mehrmals am Tag gewisse Dinge vorgestellt. Und genau das tun wir täglich, ohne dass es uns bewusst ist.

Ich will auch darauf hinweisen, dass sich speziell in der Liebe, manche vielleicht genau diesen einen Partner wünschen. Hier möchte ich auch sagen, ist es ein generelles Partnerproblem, dann schaut auf eure tiefsten Überzeugungen, warum ihr immer wieder gewisse oder gar keine Partner in euer Leben zieht. Was natürlich auch den einen speziellen Partner, den ihr haben wollt, davon abhält, zu euch zu kommen. Sollte es aber wirklich nur um diesen einen Partner gehen, den ihr wollt, dann könnt ihr euch die Liebe zwischen euch vorstellen. Aber ohne manipulative Gedanken. Und das ist schwer, denn ihr sollt diese Person nicht dazu bringen, euch zu wollen. Ihr könnt nur, indem ihr die Liebe spürt und visualisiert, diesen dazu animieren, diese Liebe auch zu wollen. Wahre Liebe hat keine Manipulation und wenn ihr nur die Liebe visualisiert, und eine schöne Partnerschaft, dann kann es sein, dass ihr diese Person auf euch aufmerksam macht, weil ihr eine Liebe aussendet, die ihr vorher nicht hattet.

Manipulationen funktionieren nicht; vielleicht für kurze Zeit, aber nicht für immer. Denn es geht hier um unseren Glauben. Dinge zu manifestieren, funktioniert nur dann, wenn wir daran glauben. Also müsste unsere eigene Manipulation zuerst unsere Überzeugung werden. Außerdem haben Manipulationen immer einen negativen Beigeschmack. Da sie nicht aus reiner Liebe entstehen, so wird es dann dazu kommen, dass wir generell mehr Ängste oder negative Gedanken und Gefühle haben werden, die wiederum unsere generellen Überzeugungen und unser gesamtes Leben beeinflussen.

Generell ist es auch so, dass wir uns nicht auf eine spezielle

Person oder einen einzigen Gegenstand festlegen sollten. Sondern es ist besser, an Situationen zu glauben, die ganz sicher in unser Leben kommen werden, ohne Bezug auf eine bestimmte Person oder einen bestimmten Gegenstand. Zum Beispiel: Ihr werdet euren Traumpartner bald treffen, ihr werdet euer Traumhaus bald finden usw. Wie gesagt: ohne Bezug zu einer bestimmten Person oder einem bestimmten Gegenstand.

Krankheit

Wie wir sehen, gehen unsere Gedanken und Gefühle also weit über uns hinaus und können tatsächlich sogar andere mitreißen und auch Situationen herbeiholen.

Und so, wie wir Situationen herbeiholen können, können wir auch Einfluss auf unsere Krankheiten nehmen. Ich spreche hier aber nicht nur von einem leichten Schnupfen, sondern von echten Krankheiten.

Ohnehin sind wir wohl daran beteiligt gewesen, dass wir überhaupt krank wurden. Denn unser Körper ist auch nur ein Spiegelbild unserer Seele. Tiefe Wunden und Schmerzen können schlimme Krankheiten hervorrufen. Jahrelanges ignorieren von Gefühlen oder schlimmen Erlebnissen können Krankheiten hervorrufen. Ich glaube daran, dass jede Krankheit mit unseren Gedanken zusammenhängt. Genauso wie Karma oder Gründe, warum wir krank wurden, warum uns das passiert. Eine Krankheit soll einem immer etwas zeigen. Und das fängt laut meines Glaubens vor der Geburt an. Der Einfluss unserer Gedanken, Karma oder warum wir etwas in unser Leben ziehen, funktioniert schon vor unserer Geburt. Keine Krankheit ist einfach nur eine Krankheit, es gibt immer einen Grund. Es gibt auch schon einige Auflistungen diverser Krankheiten, und was sie bedeuten. Da könnt ihr euch mal erkundigen.

Man muss aber nicht unbedingt an das glauben, was ich glaube. Aber ganz wichtig ist es, zu wissen, dass wir etwas verändern können. Keine Krankheit ist eine gegebene Tatsache, die wir hinnehmen müssen. Hier haben wir schon wieder eine „gegebene Tatsache". Wie wir aber schon wissen, ist das, was wir im Jetzt fühlen die Zukunft von morgen; ist die Krankheit also eine gegebene Tatsache für uns, wird sie auch morgen eine gegebene Tatsache sein.

Das heißt nicht, dass wir Krankheiten ignorieren sollen, und so tun sollen, als ob wir gesund sind, es heißt nur, uns bewusst zu machen, dass alles, was wir glauben, und alles, was unsere tiefsten Überzeugungen sind, tatsächlich Realität wird. Wollen wir also wirklich gesund werden, müssen wir an Heilung glauben und dürfen uns nicht an dem Glauben, krank zu sein, festbeißen. Wenn wir uns ständig sagen, wie krank wir sind, wird es noch schlimmer werden, denn damit manifestieren wir die Krankheit immer wieder aufs Neue. Ständig ist in unseren Gedanken: „Ich bin krank, ich bin krank, ich bin krank!", wie soll man da gesund werden? Wenn man mit anderen über seine Krankheit redet, wie schlimm alles ist, oder was man wegen der Krankheit alles nicht machen kann, manifestiert sich dir Krankheit noch mehr. Noch dazu steckt man die anderen auch an, die dann auch glauben, dass man krank ist und einen vielleicht sogar bemitleiden. Was uns dann zu einem armen, hilflosen, kranken Wesen macht, dass nichts an seiner Situation ändern kann.
Glaube ist alles. Unsere Gedanken werden sich immer wieder neu manifestieren.

Fangt also an, bereits die Heilung zu sehen, seht euch bereits als geheilt, wie ihr schon wieder gesund seid. Lebt auch danach, dass es bald so kommen wird, oder vielleicht sogar schon da ist. So fühlt ihr euch nicht mehr als kranker Mensch. Ihr habt der Krankheit und dem Gedanken, wirklich krank zu sein, die Macht entzogen. Stattdessen habt ihr der Heilung Macht gegeben.

Das heißt, viel wirkungsvoller ist es, sich bereits als gesunden Menschen zu sehen, die Heilung zu sehen.
Wichtig ist auch, wie oben schon erwähnt, die Krankheit nicht zu ignorieren, und so zu tun, als ob man gesund ist, obwohl man krank ist. Aber genau das tut ihr nicht, ihr gebt nur der Heilung Macht anstatt der Krankheit.

Seelenspartner/Traumpartner finden

Stellt euch den von euch gewünschten Partner vor. Alles, was euch einfällt, vielleicht solltet ihr euch vorher schon mal kurz Gedanken darüber machen. Alles, was ihr an einem Partner für wichtig empfindet. Was er unbedingt haben sollte. Wenn ihr auch etwas erwähnt, dass er nicht haben sollte, dann bleibt dabei unbedingt neutral, steigert euch nicht rein oder empfindet vielleicht sogar Angst oder Wut dabei. Sagt auch nicht: „Auf gar keinen Fall darf der Partner dies oder jenes haben!" Denn solche Gedanken können wieder genau das anziehen, was ihr ja eigentlich nicht wollt. Sprich: Der Partner wird dann genauso, wie ihr es nicht wollt. Ich persönlich finde es am Besten, nur das zu sagen, was man gerne hätte, und es sich als etwas Vollkommenes vorzustellen, sich nicht viel mit Negativem aufzuhalten oder zu sagen, was man nicht will. Bedenkt dabei auch immer wieder, dass euer Unterbewusstsein ein „nicht" oder „kein" nicht kennt. Deswegen haltet euch lieber mit dem auf, was ihr wollt. Um dem vorzubeugen, dass ihr am Ende dann genau das bekommt, was ihr eigentlich nicht wolltet. Außerdem: In einer Visualisierung haben negative Gedanken ohnehin nicht viel verloren, denn wir wollen ja etwas Gutes produzieren und bekommen.

Also stellt euch alles vor, was für euch an einem Partner wichtig ist. Stellt euch vor, wie dieser Partner euch genauso sucht, wie ihr ihn.

Und dann glaubt einfach daran, dass ihr diesen Partner bald treffen werdet. Lebt nach dieser Tatsache, lebt nach dieser Überzeugung. Er oder sie wird ganz sicher bald in euer Leben kommen.

Ihr könnt dann auch noch Liebe zu dieser Person senden, sagt ihr, ihr werdet euch bald treffen, und einander bald im wahren Leben gegenüberstehen. Fühlt es so, als ob ihr tatsächlich mit dieser Person reden würdet. Als ob es diese Person bereits gibt.

Abgesehen davon, dass ihr nach der Überzeugung lebt, diese Person bald zu treffen, ist diese Person ab diesem Moment auch Teil eures Lebens, denn ihr habt mit ihr geredet, ihr fühlt, als ob es sie wirklich gibt, es ist nur eine Frage der Zeit, bis diese Person in euer Leben kommt.

Ich persönlich habe es übrigens ähnlich mit meinem Lebenspartner gemacht. Ich fühlte aber ein Jahr vor unserem Treffen schon, dass es diese Person gibt, und ich ihm begegnen werde. Ich wusste nicht, wann, aber ich wusste, dass dieser Mann mein Seelenpartner sein wird. Ich habe vorher nichts visualisiert, sondern es war zu einer Zeit, wo ich mich viel mit früheren Leben beschäftigt hatte und ich konnte ihn eines Tages fühlen.

Ich wusste instinktiv, dass wir uns versprochen hatten, wir würden uns treffen. Ab dem Zeitpunkt konnte ich ihn in meinem Leben fühlen.

Zu dem Zeitpunkt konzentrierte ich mich dann aber auf meine Reise, denn das war mein damaliges Vorhaben und ich wollte mich davon auch nicht viel ablenken lassen. Auf der Reise hatte ich dann ohnehin viel zu tun und viele Eindrücke. Aber doch wusste ich, ich werde ihn auf der Reise kennenlernen. Es war wie eine Vorahnung, die ich spürte. Nach einer Zeit und nachdem ich viel gesehen hatte, meinte ich, dass ich eigentlich jetzt dann doch einmal bald meinen Seelenpartner treffen wollte. Ich hatte vom Reisen genug, hatte auch schon viel gesehen, und ein richtiges Zuhause hatte ich auch noch nicht gefunden. Es war jetzt an der Zeit, ihn zu treffen. Ich habe dann nicht zu Wünschen angefangen, wie er sein sollte, sondern habe ihn einfach wieder zu spüren begonnen und wusste, dass er da war. Ich sprach auch mit ihm, und fühlte, dass er wieder in meinem Leben war. Ich meinte dann auch, ich wäre jetzt dann bereit, ihn wirklich zu treffen. Ich war auch davon überzeugt, ihn bald zu treffen. Ich lebte schon nach dieser Überzeugung und glaubte daran.

Nicht ganz fünf Monate später traf ich ihn. Und diesmal wusste ich, das ist wirklich der Mann, nach dem ich gesucht hatte. Es war ein Gefühl, wie ich es noch nie zuvor in meinem Leben empfand. Und es ging einher mit der Sicherheit zu wissen, dass er es tatsächlich ist.

Ihm ging es übrigens genauso. Es ist eigentlich ganz komisch, denn wir trafen uns in Indien, in einem Restaurant, in dem ich aber ein paar Monate zuvor auch schon war. Am selben Ort, im selben Restaurant, in dem er gearbeitet hat. Ich fragte mich, warum ich ihn nicht schon Monate zuvor traf, er sagte, er wäre die ganze Zeit im selben Restaurant gewesen. Vielleicht traf ich ihn nicht, weil ich es noch nicht wollte. Ich wollte noch vieles erleben auf meiner Reise, und ich denke, dass dies der Grund war, warum ich ihn nicht traf. Ich war zu sehr damit beschäftigt, alles zu erleben, was ich mir für diese Reise gewünscht hatte.

Als ich Indien damals beim ersten Mal verließ, sagte ich mir, ich werde nicht mehr zurück nach Indien kommen. Es war überhaupt nicht der Plan, zurück nach Indien zu gehen; ich mochte Indien zwar, aber trotzdem wollte ich nicht zurückgehen. Daran hielt ich auch Monate später noch fest.

Nach meinen Visualisierungen und Überzeugungen, ihn bald zu treffen, spürte ich eines Tages – von einem Tag auf den anderen – ein Gefühl, dass ich unbedingt sofort zurück nach Indien musste. Was sehr komisch für mich war, denn es war überhaupt nicht der Plan gewesen, zurück nach Indien zu gehen. Es war ein starkes Gefühl, vielleicht sogar ein Drang, könnte man sagen. Es dauerte dann noch ein paar Wochen, bis ich dann tatsächlich diesem Gefühl nachgab, zurück nach Indien flog und ihn schlussendlich traf.

Karma

Ich glaube, dass genau das von mir Beschriebene Karma ist. Es geht um unsere Energie, die wir aussenden. Ich glaube schon auch an die übliche Form des Karmas so wie es Viele tun, dass Karma etwas ist, was wir zurückbekommen bei all unseren Handlungen. Sprich: wir tun Böses, dann bekommen wir auch Böses zurück, tun wir Gutes, bekommen wir Gutes zurück. Aber viel eher glaube ich an das Gesetz der Anziehungskraft und dass es natürlich einen Grund gibt, warum dies oder jenes in unserem Leben passiert, warum diese Menschen in unserem Leben sind. Aber nicht, weil wir Gutes oder Böses getan haben, sondern weil wir Menschen und Situationen anziehen, die auf unsere Energie reagieren. Wir bekommen das, was wir in uns haben. Es bringt wie gesagt nichts, nur Gutes zu tun, denn wenn wir zu sehr dem Negativen verfallen sind oder Opfer sind, können wir viel Gutes tun, aber werden trotzdem oft hinfallen und wieder viel Negatives in unser Leben ziehen. Es gibt nämlich einige Menschen, die immer wieder Gutes tun, aber trotzdem immer wieder hinfallen, immer wieder schlechte Erlebnisse in ihrem Leben haben. Das liegt an ihrer Energie, die sie aussenden. Sie sind entweder zu sehr Opfer oder zu negativ eingestellt. Das soll aber nicht heißen, dass viel Gutes zu tun, nichts bringt. Natürlich bringt es etwas, denn jedes Mal, wenn wir Gutes tun, kommen wir dem Positiven näher. Wir sollten uns aber mit unseren Grundgedanken und der Energie, in der wir leben, beschäftigen. Genauso werden sich auch unsere Ängste und Gedanken realisieren, was Nachteile für uns haben kann, wenn wir den falschen Gedanken Macht geben. Unsere Haltung ist das, was wir morgen sehen werden, in unserem Leben und in der Welt.

Die Welt und uns selbst retten

Genauso wie wir unser Leben beeinflussen, beeinflussen wir auch die Welt. Es ist nicht so, dass die Welt oder unser Leben schlecht ist und wir deswegen negativ, böse, ungut, verzweifelt usw. werden, sondern die Welt wurde schlecht, weil wir unseren negativen Gedanken und Ängsten folgen. Könnt ihr euch vorstellen, was es ausrichtet, wenn jeder ständig seinen negativen Gedanken und Ängsten folgt? Oder, wenn jeder ständig seinen positiven Gedanken folgen würde? Wir beeinflussen mit unserer negativen Haltung und, indem wir unseren Ängsten Macht geben, nicht nur unser Leben, sondern auch die ganze Welt.

Wir dürfen dem Glauben an das Negative und unseren Ängsten keine Macht mehr über uns geben. Füttert nicht eure Ängste und eure negative Gedanken. Es gibt Negatives, weil wir dem Negativen Macht geben, weil wir es produzieren. Wenn wir an das Negative glauben und ihm Macht geben, werden neue Ängste geschürt, wodurch sich neue negative Situationen ergeben.
Mit solchen Gedanken haben wir auch Gier, Neid, Eifersucht, Missgunst, usw. erschaffen.

Manche meinen, sie können ja gar nicht anders, denn wie könnte man nicht an das Negative glauben, wenn wir es doch täglich sehen? Es gibt doch so viel Schlechtes, meinen sie. Sie verstehen aber nicht, dass sie mit dieser Haltung weiter Negatives produzieren. Und dass nur durch so eine Haltung Negatives erst so groß geworden ist, weil wir solchen Gedanken Macht geben.
Wir müssen verstehen, dass unsere Haltung alles ist, womit wir etwas verändern können. Wir haben mit unseren Ängsten und negativen Gedanken schon genug Negatives in die Welt

produziert. Jeder Einzelne trägt täglich dazu bei, denn jeder gibt dem Negativen Macht.

Dabei geht es aber nicht darum, alles Schlechte, das wir täglich sehen, gutzuheißen und zu glauben, darin gibt es nichts Schlechtes. Nur zu sagen, wir glauben nicht mehr daran, dass es Schlechtes gibt, obwohl wir es doch sehen, bringt nichts. Sondern es geht darum, dem generellen Glauben an das Negative die Macht über uns zu entziehen. Wir sollten uns nicht mehr dazu mitreißen lassen, unseren Ängsten Macht zu geben und ihnen zu folgen. Unser Leben nicht mehr nach Angst und Negativität ausrichten.

Ein Beispiel:

Es hat ein Mord stattgefunden, das ist natürlich etwas Schlechtes. Aber bleibt unsere Haltung dabei neutral, geben wir dem Negativen keine Macht und es kann sich in der Welt nicht neu festigen. Sagen wir uns: „Um Gottes willen! Wie furchtbar! Wie schlimm das doch ist!", haben wir in uns dem Negativen so viel Macht gegeben, dass es sich weiterhin manifestieren wird.
Wenn wir Negatives sehen in der Welt, wenn wir darauf achten, was wir in den Nachrichten sehen, dem Macht geben und uns dann aufregen, weil es so viele schlechte Menschen gibt, so viele unfähige Politiker, so viel Grausamkeit, usw. Wenn wir uns davon beherrschen lassen und mitreißen lassen, dann wird es sich neu produzieren. Wir glauben daran, wir werden uns aufregen, wir werden danach handeln, es wird sich weiter manifestieren, und nichts wird sich verändern. Glauben wir heute daran, wie schlecht die Welt ist, wird die Welt morgen auch noch schlecht sein. Es ist nicht möglich, dass wir heute daran glauben, wie schlecht die Welt ist, und sie morgen gut wird. Ihr wollt, dass die

Welt besser wird, aber denkt ständig daran, wie schlecht sie ist? Das soll helfen? Das kann nicht funktionieren.

Eine Art mit dem Schlechten, das uns täglich begegnet, umzugehen, wäre vielleicht, es sich wie einen Film vorzustellen. Man sieht sich den Film an und weiß, dass es nur ein Film ist und man, sobald der Fernseher aus ist, wieder in der realen Welt ist. Das heißt, ihr seht alles Schlechte wie einen Film, wo ihr wisst, das geschieht jetzt, ohne dem aber Macht zu geben, und ohne euch davon beherrschen zu lassen. Ihr versucht, neutral zu bleiben. Solche Ängste und negative Gedanken wird es aber immer geben, sie sind Teil von uns. Wir müssen sie uns bewusst machen und damit umzugehen lernen und uns nicht mehr davon beherrschen lassen.

Es spielt keine Rolle, was wir in unserem Umfeld sehen können, sondern es spielt nur eine Rolle, was wir in uns finden können.
Wenn wir also wollen, dass sich etwas verändert, müssen wir anfangen. Wir müssen bei uns anfangen, danach verändert es sich im Außen.
Alles, was rund um uns ist, ist keine gegebene Tatsache, die wir hinnehmen müssen oder dass es eben so ist, wie es ist. Es ist so, weil wir es geschaffen haben. Und mit unseren negativen Gedanken, Ängsten und dem Negativen, dem wir Macht geben, erschaffen wir es weiterhin.
Wenn niemand anfängt, wird sich auch nichts verändern. Wir müssen bei uns anfangen. Jeder Einzelne bei sich selbst.
Wenn wir warten, bis die Welt besser wird, oder glauben, wir können nur dann glücklich sein, wenn die Welt besser wird, dann wird das nie passieren.

Wir sind also nicht abhängig von der Welt, die Welt ist abhängig von uns und unseren Gedanken. Wir sollten das realisieren und anfangen, Positives in die Welt zu produzieren.

Wir sollten anfangen, die Welt als schön und perfekt zu sehen, jedes Lebewesen als perfekt zu sehen, anfangen, positive Gedanken in die Welt zu senden und unser Leben nach Positivität auszurichten und nicht nach unseren Ängsten.

Genauso sollten wir auch die Verantwortung übernehmen für alles andere, was wir dazu beitragen, dass die Welt oder unser Leben so ist, wie es ist. Wir geben nicht nur dem Negativen und unseren Ängsten Macht und tragen dazu einen großen Teil am Ganzen bei, sondern alles, was wir aussenden oder tun, können wir im Außen sehen. Jeder Einzelne trägt zu der Allgemeinsituation bei.

Opferrolle:

Zu warten, bis die Welt besser wird, oder daran zu glauben, man sei abhängig von dem Glück und Frieden der Welt, macht uns zu Opfern. Daran zu glauben, wenn die Welt oder die Allgemeinsituation besser wird, dann wird unser Leben auch besser werden, macht uns zum Opfer.

Um ins Positive zu kommen, ist es notwendig, seine Opferrolle aufzugeben, denn es kann kein Glück und kein Frieden entstehen, wenn wir ständig glauben, wir seien abhängig von anderen. Das ist kein schönes Gefühl, es macht aus vielen hilflose, arme Menschen, aus anderen macht es wütende Menschen. Nur, wenn wir wissen, dass unser Glück nicht von der Welt, von der Politik, vom Nachbarn, oder von sonst jemandem abhängt, sind wir frei und keine Opfer. Wir können alles schaffen. Wir haben unser Leben selbst in der Hand. Wir müssen nicht auf bessere Zeiten warten, oder bis andere nett zu uns sind, uns beachten oder uns Respekt schenken. Wenn jeder so denken würde, dann wäre diese Welt auch eine bessere. Denn dann würde es viele glückliche

Menschen geben.

Wenn ich so etwas Menschen erzähle, sagen sie immer: „Ja, ich weiß eh, ich hab mein Leben eh selber in der Hand, aber was soll ich nur machen, die allgemeine Situation ist so schlecht". Sie sind noch immer Opfer und sehen es nicht. Sie sagen zu mir, sie sind kein Opfer, nur die allgemeine Situation ist schlecht. Sie verstehen nicht, dass genau diese Aussage: „Ja, was soll ich machen, die allgemeine Situation ist schlecht", sie zum Opfer macht und sie tatsächlich noch darauf warten, dass etwas besser wird. Sie können sich überhaupt nicht vorstellen, dass sie etwas verändern könnten in ihrem Leben, ohne dass sich die Allgemeinsituation verbessert. Und sie können sich nicht vorstellen, dass sie mit dieser Einstellung zur allgemeinen Situation beigetragen haben. Sie können sich nicht vorstellen, dass ihr Unglück nicht von den anderen abhängt, sondern nur von ihnen selbst. Und dass genau dieser Glaube sie zum Opfer macht. Sie sagen, dass sie ihr Leben und ihr Glück selbst in der Hand haben. Wie kommt es dann, dass sie darauf warten, bis der auserwählte Mann/die auserwählte Frau sie liebt und sie bis dahin unglücklich sind? Wie kommt es, dass sie glauben, keine Arbeit finden zu können, nur weil es so viele Arbeitslose gibt und es schwierig ist? Da muss man natürlich bei der alten grausigen Arbeit bleiben, weil man ja nichts anderes mehr findet. Wie kommt es, dass sie darauf warten von anderen Menschen respektiert zu werden und bis dahin sind sie unglücklich, traurig, oder wütend? Wie kommt es, dass solche Dinge passieren, wenn sie mir doch erzählen, sie sind keine Opfer und haben ihr Leben und ihr Glück selbst in der Hand?

Wir müssen aufhören, uns abhängig zu machen, von der Gesellschaft, der allgemeinen Situation, unseren Freunden, von der Liebe und Respekt anderer, usw. Wir brauchen das alles

nicht. Wenn wir begreifen, dass unser Glück nicht abhängig von all dem ist, dann sind wir selbstständig und frei, unabhängig und glücklich. Dann, nur dann, haben wir unser Leben und unser Glück selbst in der Hand.
Und nur dann gibt es viele glückliche Menschen, die die Welt zu einem besseren Ort machen können.

Unabhängigkeit und Glaube sind also sehr wichtig. Unabhängigkeit sorgt dafür, dass wir niemanden brauchen, auf niemanden angewiesen sind, unser Leben und unser Glück selbst in der Hand haben, was uns wiederum sehr glücklich und frei macht. Was für ein gutes Gefühl, nicht mehr Warten zu müssen.

Glück leben:

Um die Welt und unser Leben besser machen zu können, gehört auch dazu, andere leben lassen zu können. Angst, Mangel und der Glaube an das Negative verhindern dies. Sie sorgen für Neid und Missgunst. Manchmal ist Missgunst ganz offensichtlich, wir wissen, wir sind neidisch und wollen andere nicht in Frieden leben lassen. Manchmal tarnt sich der Neid, in dem wir glauben, wir haben mehr Recht auf gewisse Dinge. Wir sind immer dann neidisch, wenn wir selbst nicht erfüllt sind. Sind wir aber bei uns und uns selbst treu, sind wir immer erfüllt und glücklich. Wir müssen Glück zuerst zu leben anfangen. Dann brauchen wir nicht unseren Standpunkt irgendwo zu vertreten, und sagen: „Ich war als Erstes hier!" oder „Das gehört mir" oder „Ich muss als Erster alles bekommen!"
Wir müssen daran glauben, dass wir selbst – und jeder andere auch – immer alles haben können.

Manche Menschen sagen, wenn ich so etwas sage, „Das geht

aber nicht, denn es können nicht alle Menschen glücklich sein. Sicher können die mir etwas wegnehmen, was ist, wenn ich meine Arbeit oder meine Beziehung verliere, nur weil jemand anderes gekommen ist?" In Wirklichkeit sagen sie mir: Man muss schauen, dass man alles behält und sich daran klammern und alle anderen wegstoßen; schauen, dass andere ja fern bleiben, damit alles einem selbst gehört. Solche Gedanken gibt uns nur die Angst vor.

Natürlich kann jeder glücklich sein, denkt daran, was ich am Anfang dieses Themas gesagt habe: Wir erschaffen die Welt, wir können uns auch eine andere Welt erschaffen.

Hören wir auf unsere Ängste, werden wir immer einen Mangel haben. Leben wir das Positive und senden dies aus, wird sich alles verändern, unser ganzes Umfeld wird sich verändern. Nichts wird mehr so bleiben, wie es ist, und so ausschauen, wie es ausschaut, auch im Außen, die Umwelt, wird sich verändern, unser ganzes Miteinander und unser Dasein wird sich verändern. In Wirklichkeit ist alles auf perfekte Ordnung abgestimmt, nur wir haben diese zerstört, mit unseren Ängsten und dem Glauben an das Negative. Und man bedenke, dass dieser Glaube irreal ist, denn es ist nur eine Angst, die nicht real ist.

Wir dürfen auch nicht daran glauben, dass man uns etwas wegnehmen könnte, denn alles, was man uns wegnehmen kann, gehörte ohnehin nicht zu uns, warum also daran klammern. Es ist unter anderem auch die Steifheit der Menschen sich nicht neu orientieren zu wollen, die Probleme macht. Aber Veränderungen passiert sowieso, das Schicksal und das Leben wird uns fordern, Dinge aufzugeben, die nicht zu uns gehören, deswegen ist es auch nicht nötig daran zu glauben, dass uns jemand etwas wegnehmen könnte, denn selbst wenn es passiert, dann hatte es einen Grund. Und von wirklich "wegnehmen" kann nicht die Rede sein, denn jemand anders hat jetzt das, was wir vorher hatten, aber das stört uns nicht, weil wir bekommen dafür etwas anderes, das besser zu uns passt. So ist die richtige Denkweise. Man braucht den anderen auch nicht zu hassen, weil er das jetzt hat, was wir vorher hatten, denn wir wissen, es war gut so. Für uns steht etwas anderes bereit. Ja, das ist oft bei Weitem nicht leicht, vor allem dann nicht, wenn es um Dinge geht, die uns wirklich am Herzen lagen, aber es ist die Wahrheit. Also lasst los.

Einmal hab ich ein Gespräch mitangehört. Der eine meinte: „Die Jugend soll es besser machen, sie sollte nicht dem Glauben unterlegen sein, dass man über andere urteilen darf und soll nicht so viel Hass verbreiten, sondern mehr Liebe!" Dann sagte der andere: „Du lebst auch am Ende der Welt, irgendwo auf dem Berg, oder? Hast du schon mal gesehen, was alles passiert in der Welt? Wir müssen etwas dagegen tun. Ist eh klar, wenn man am Berg lebt, dann kann man leicht sagen, ist ja alles Friede, Freude, Eierkuchen, aber wir dürfen nicht blind sein, wir müssen etwas gegen die Welt unternehmen." Ich musste nur lächeln, als ich das hörte, und verließ dann den Raum, weil ich nur zum Einkaufen dort war, ich hatte es eilig und musste weiter. Was der Weltverbesserer mit seiner Einstellung wohl nicht verstanden hat, ist, dass wenn man in „Friede, Freude, Eierkuchen" lebt, andere viel mehr dazu animieren kann, auch so zu leben, anstatt ein Zeichen gegen das System zu setzen, was eigentlich eine Kampfhaltung ist. Und ein Kampf fordert einen Gegenkampf. Also wird weiter gekämpft und verändern wird sich nichts. Die Welt ist dann noch immer auf Kampf aus, es macht keinen Unterschied, ob es ein Kampf für Gerechtigkeit oder ein "böser" Kampf ist. Kampf ist Kampf, es kommt nicht darauf an, für was man kämpft, denn es kommt nur darauf an, mit welcher Energie man Dinge tut, und da man bei einem Kampf nun mal keine Liebe in sich fühlt, sondern eine Kampfenergie hat, wird das auch genauso weitergegeben. Und andere werden auch mit einer Kampfhaltung darauf reagieren.

Noch dazu muss man sagen, dass wenn er meint: „Wir müssen aufwachen und dürfen nicht blind zusehen", dass er noch immer dem Negativen die Macht über sich gibt. Weiters trägt er ebenfalls dazu bei, dass die Welt weiterhin negativ bleibt. Nur, wenn er dem Negativen keine Macht mehr gibt, neutral bleibt und versteht, dass wenn jeder weiterhin dem Negativen Macht gibt, sich nichts verändern wird und wenn er begreift, dass seine Haltung alles ist, was wirklich etwas verändern kann, dann kann sich etwas verändern und dann kann Gutes entstehen. Glaube an Schlechtes fördert Schlechtes, es wird sich nichts verändern, es bleibt schlecht. Glaube an Gutes, fördert Gutes, es kann sich verändern. Schlussendlich hat der „Friede-Freude-Eierkuchen-Mensch", mehr zur Verbesserung der Welt beigetragen als der andere.

Seine Weltverbesserungsansichten in allen Ehren, ja ehrlich, ich finde das gut, besser als wenn alle blind bleiben, und wie Schafe dem System nachrennen.
Ich finde es auch gut, dass immer mehr Menschen aufwachen und keine Schafe mehr sein wollen, dass sie dem System ein Ende setzen wollen. Sie sind Menschen, die etwas verändern wollen und wir brauchen sie. Hier ist mein Appell an all diese Menschen, bitte verändert euren Stil, wie ihr an die Veränderung herangeht. Geht nicht im Kampf ran und lasst euch nicht beherrschen von euren Ängsten und dem Glauben an das Negative, gebt dem keine Macht mehr. Versteht, dass wenn ihr weiterhin dem Negativen und euren Ängsten Macht gebt, es weiterhin Negatives geben wird. Wenn ihr wollt, dass sich etwas verändert, dann müsst ihr Positives in die Welt schicken. Ihr müsst anfangen, das Glück zu leben. Seht die Welt nicht als

schlecht, habt keine Angst vor Negativität oder vor Schlechtem, Ängste schüren neue Ängste. Seid offen für Menschen und für alles, nur so kann die Gesamtenergie in der Welt verbessert werden. Denkt daran, es kann morgen nicht gut werden, wenn ihr heute alles Negative seht. Eure Einstellung bestimmt, was ihr morgen sehen werdet.

Steigt auch aus eurer Opferrolle aus, denn ihr seid keine Opfer. Hört auf zu warten. Ihr seid Erschaffer und ihr könnt euch eure eigene Welt erschaffen. Ihr seid nicht abhängig von anderen. Lebt das Glück, erschafft euch Glück. Lebt euch selbst, dann seid ihr immer erfüllt und glücklich. Könnt ihr euer Erwachen fördern und das von anderen, wird sich die Gesamtenergie im Universum verändern.

Manche Dinge werden sich vielleicht nicht einfach so verändern, da muss man vielleicht mehr Initiative ergreifen und manche Politiker oder einflussreiche Personen von ihren Posten holen. Aber nicht im Kampf oder mit unserer negativen Denkensweise und mit unseren Ängsten.

Auch die Umwelt reagiert auf uns, Unwetterkatastrophen, Überschwemmungen, Erdbeben, die kommen genauso von uns. Alles Negative, Angst, Missgunst, Hilflosigkeit, usw. Was wir aussenden, geht nicht einfach weg, es bleibt in unserem Universum und kommt zu uns zurück. Wenn wir nur Liebe aussenden würden, würde auch die Umwelt anders aussehen. Die Umwelt reagiert auf uns.

Das, was wir aussenden, bestimmt unser Leben

Hier will ich Beispiele zeigen, an denen man sehen kann, dass Menschen auf das, was wir aussenden, reagieren.

Beispiele für Menschen, die ständig negativ denken, habe ich schon ganz am Anfang dieses Kapitels gezeigt. Personen, die ich tatsächlich kenne.

Es gibt aber so viele Beispiele für Menschen, die der Negativität und ihren Ängsten unterlegen sind und deren Leben auch dementsprechend ausschaut. Ich möchte hier aber jetzt andere Beispiele nennen.

Ein Beispiel:

Sabine hatte Probleme mit ihrem Freund, sie meinte: „Er ist nicht bereit für eine richtige Beziehung, er steht nicht zu mir, er hält lieber zu seinen Freunden!" So hätte sie das Gefühl. Sie wollten eine gemeinsame Zukunft aufbauen, er kümmerte sich zwar schon darum und übernahm die Verantwortung, genau wie sie auch, aber sie wurde das Gefühl nicht los, dass ihm seine Freunde und seine Familie immer wichtiger waren. Sie merkte, dass er Interesse an einer gemeinsamen Zukunft zeigte, aber sie fühlte sich nicht wirklich zusammen mit ihm, nicht so, wie es sein sollte, wenn man eine gemeinsame Zukunft plant.

Ich fragte sie dann, ob sie denn hundertprozentig zu ihm stehen würde. Sie sagte natürlich sofort: „Ja, natürlich, ich stehe total hinter ihm!" Ich fragte sie noch mal, ob sie den hundertprozentig bei ihm ist und bei dem gemeinsamen Leben. Sie sagte wieder: „Ja, natürlich!" Ich kannte ihr Leben und deswegen fragte ich sie, wenn sie doch so sehr hinter ihm steht, warum sie ihm dann vieles verheimlicht und warum sie sich dann nicht sicher sei über ihre Zukunft. Denn sie war sich nicht im Klaren, ob sie denn nächstes Jahr nicht ins Ausland gehen würde, zum Studieren für ein paar Semester, und ihr das nicht wichtiger sei als ihr Freund. So lebten beide eigentlich ihr eigenes Leben, ein Leben getrennt voneinander.

Sabine steht nicht wirklich hinter ihrem Freund und ist auch nicht so sehr involviert in diese Beziehung. Auf das reagiert ihr Freund. Wir sollten uns immer fragen, was wir bereit sind zu geben! Wollen wir Treue, Zusammenhalt und Vertrauen in unserem Leben haben, dann müssen wir es zuerst leben.

Ich habe noch immer Kontakt zu Sabine und es hat über ein Jahr gedauert, bis sie sich dann doch richtig zu ihm stand, und mit ihm ein richtiges Leben wollte. Nun verstand sie, was ich damals meinte, und was der Unterschied zwischen ihrem jetzigen Gefühl zur Beziehung und dem damaligen Gefühl zur Beziehung ist. Und siehe da, der Freund hat sich auch verändert. Sie meinte, erst jetzt fühlt es sich richtig an, jetzt fühlt es sich so an wie eine richtige Beziehung.

Ein anderes Beispiel:

Ähnlich wie beim obigen Beispiel war es bei Doris. Hier geht es auch um das Nicht-Zueinanderstehen. Doris meinte auch, ihr Freund würde nicht zu ihr stehen, er würde gar nichts in die Beziehung investieren. Aber sie würde alles geben und alles für die Beziehung tun. Doris war aber auch nicht wirklich involviert in ihre Beziehung, gleich wie Sabine. Aber anders als bei Sabine, stand Doris deswegen nicht wirklich zu ihrer Beziehung, weil sie sehr schnell mit dem Beenden dieser Beziehung war. Sie schmiss ihren Freund, ohne viel mit ihm über die Probleme zu reden, einfach hinaus, und beendete die Beziehung. Das machte sie übrigens mit all ihren Männern, bei denen sie das Gefühl hatte, sie würden nicht zu ihr stehen. Doris verstand überhaupt nicht, was sie mit den Männern gemeinsam hatte, denn sie tat doch alles und investierte doch alles in die Beziehung, nur die Männer taten es nicht.

Wenn jemand aber so schnell mit dem Beenden von Beziehungen ist wie Doris, dann war man selber auch nicht sehr involviert in die Beziehung. Denn fühlt man sich wirklich verbunden mit einem Menschen, dann kann man eine Beziehung nicht einfach so beenden, nur weil man das Gefühl hat, der andere würde doch auch nicht zu einem stehen.

Bei diesem Beispiel muss ich noch dazusagen, dass eigentlich jedes Mal, wenn man unzufrieden ist und sich dann abwendet, auch wenn man nicht gleich alles beendet, aber sich abwendet, vielleicht gefühlskalt wird, dann war man selber auch nicht wirklich ganz involviert in diese Beziehung. Es mag vielleicht logisch klingen für unseren verletzten Stolz, dass wir denken: Wenn die Person nicht zu mir steht, dann tue ich das auch nicht, aber das ist nur ein Zeichen dafür, dass man eigentlich nie wirklich zum Partner stand.

Man gibt vielleicht dem anderen die Schuld und meint man selber würde doch zu dem Partner stehen, man würde doch nur warten, bis er auch endlich zu einem steht. Da das aber nicht passiert, wendet man sich selber auch ab. Das ist wie gesagt aber ein Zeichen, dass man eben nicht zum Partner stand, denn wenn wir wirklich zu einem Menschen stehen, dann kann uns auch kein Problem so schnell von diesem Menschen wegholen. Generell habe ich eher bemerkt, dass Menschen, die generell zum Partner stehen, eigentlich auch das Gleiche zurückbekommen. Es mag vielleicht sein, dass es zwischendurch Probleme gibt, aber da man immer zum Partner steht, wird der Partner das auch tun. Es sei denn natürlich, es ist nicht genug Liebe vorhanden. Man sollte sich also immer fragen, was man selbst bereit ist zu geben.

Ich sage das deswegen, weil der Glaube, der andere würde nicht zu einem stehen, oft ein großer Streitpunkt ist, und man selber glaubt, man tut doch alles, man selber würde immer zu dem Partner stehen, und merkt es vielleicht gar nicht, dass man selber auch nicht wirklich involviert ist.
So wie es einigen Menschen ergeht, die nicht solche Fehler wie Sabine und Doris machen. Diese Menschen machen eigentlich nichts falsch, stehen hinter dem Partner, kümmern sich um die Beziehung, kümmern sich um die gemeinsame Zukunft, wollen auch alles gemeinsam mit dem Partner erreichen, tun wirklich alles und verstehen gar nicht, wieso der Partner nichts tut. Oft haben sie aber trotzdem zur Situation beigetragen, denn nur, weil sie alles tun, alles geben würden und immer da sind, heißt das nicht, dass sie sich wirklich geöffnet haben für diese Beziehung, und sich wirklich „zusammen fühlen" mit dem Partner.

Wenn man die Partnerschaft spüren kann, weiß, man ist in einer Beziehung, dann ist man es auch, und dann kann man sich eben nicht mehr so leicht rausnehmen. Dann hat man sich geöffnet und ist involviert. Nur weil man alles geben würde, alles tun würde, und hinter dem Partner steht, heißt das nicht, dass man auch wirklich involviert ist und sich wirklich geöffnet hat.
Es ist wichtig, hier ehrlich zu sich selbst zu sein, und zu fragen, wie sehr man denn wirklich in dieser Beziehung involviert ist.

Ein anderes Beispiel:

Günther hatte keine Liebe für sich selbst in sich. Er suchte so sehr nach Liebe im Außen, dass er bereit war, für Liebe fast alles zu tun. So kam es, dass er sich in eine Frau verliebte, die teilweise nett zu ihm war, teilweise aber ein ziemliches Biest. Es machte ihm sehr zu schaffen, wie gemein sie manchmal zu ihm war. Er verstand nicht, woran das lag.
Günther sendet aus, dass er Opfer ist, dass er abhängig ist von der Liebe anderer.
Wenn man sich selbst nicht liebt, dann zieht man viel häufiger Menschen an, die nicht nett zu einem sind. Oder man zieht Menschen an, die sich selbst auch nicht lieben, woraus natürlich auch keine reine, schöne Beziehung werden kann, wenn beide abhängig voneinander sind. Er sendet auch aus, dass es ihm egal ist, wie man mit ihm umgeht, Hauptsache er bekommt Liebe. Wenn wir wollen, dass Menschen gut mit uns umgehen, müssen wir zuerst gut mit uns umgehen.

Ein anderes Beispiel:

Rolf regte sich auf, warum seine Frau es nicht schaffte, ihren Eltern zu sagen, sie sollen sich nicht überall einmischen. Warum schaffte sie es nicht, ihre Eltern rauszuhalten aus ihrem gemeinsamen Leben, denn es ist ihr Leben und die Eltern haben nicht das Recht, sich überall einzumischen. Es gab immer furchtbaren Streit bei den beiden. Sie meinte, sie wolle das eigentlich gar nicht, aber wenn ihre Eltern etwas sagten, könne sie die Eltern irgendwie nicht enttäuschen, sie könne zu den Eltern nicht „Nein" sagen. Was ihn extrem wütend machte, und er verstand nicht, wie man sich denn so untergraben lassen kann.

Eines Tages bei einem Firmenausflug von ihr, kam es dann zu einer lustigen Situation zwischen den beiden. Sie wollte länger mit ihm auf der Wiese sitzen bleiben, wo sie es sich vorher gemütlich gemacht hatten, und ein paar Minuten nur mit ihrem Mann verbringen. Als ein Arbeitskollege zu den beiden kam und berichtete, alle Männer hätten sich im Wirtshaus niedergelassen, ob er denn nicht jetzt gleich mitkommen wolle und sah ihn mit einem, „Sag jetzt nicht nein, du musst mitkommen"-Blick an. Er schaute seine Frau an und meinte nur: „Du hast doch nichts dagegen, oder? Ich geh dann einmal mit." Eigentlich wollte er gar nicht, wie sich später herausstellte, aber da er nicht „Nein" sagen konnte, ging er mit. Sie hatte sehr wohl etwas dagegen und es kam danach auch zum Streit. In diesem Streit meinte sie dann, er würde sich ständig wegen ihrer Eltern aufregen, aber er selbst ließe sich auch ständig von anderen untergraben und würde mehr auf jeden anderen hören, anstatt auf die Wünsche seiner Frau. So eine Situation kam nicht zum ersten Mal vor.

Rolf bemerkte nie zu vor, dass es sich um das gleiche Problem handeln könnte, denn er meinte immer, das Problem mit den Eltern sei viel schlimmer. Denn diese mischten sich tatsächlich in die Beziehung ein. Jeder andere, mit dem er zu tun hatte, würde sich ja nicht in die Beziehung einmischen, deswegen sei es etwas total anderes, und auch gar nicht zu vergleichen. Es würde um etwas komplett anderes gehen, dachte er. Diesmal merkte er aber, dass es nicht um das Einmischen der Eltern geht, sondern dass seine Frau sein Spiegelbild war. Das Problem war, das beide nicht „Nein" sagen konnten. An diesem Tag kam ihm die Erkenntnis, dass er es auch nicht so leicht schafft, zu anderen „Nein" zu sagen.

Wenn Rolf will, dass seine Frau anfängt, zu ihm zu stehen, dann muss er auch zu ihr stehen. Er hat eine Frau angezogen, die genauso ist wie er. Sie ist sein Spiegelbild.

Noch ein Beispiel:

Margit hatte große Probleme mit ihrem Sohn, der Sohn war ihr gegenüber sehr aggressiv. Sie gab natürlich dem Sohn die Schuld für das schlechte Verhältnis zueinander, denn er war es ja, der sie beschimpfte und aggressiv war, der nichts mit ihr zu tun haben wollte. Sie machte alles anders, sie war nicht aggressiv, beschimpfte ihn auch nicht und sie wollte sehr wohl mit ihm reden. Margit war trotzdem selbst an der Situation schuld, denn sie war es, die ihm, als er klein war, viel zu lange nicht genug Aufmerksamkeit gab. Sie kümmerte sich zwar um ihn, zeigte aber zu wenig Liebe, außerdem arbeitete sie viel und hatte wenig Zeit für ihren Sohn. Der Vater hatte auch viel zu tun und war auch nicht oft zu Hause. So verbrachte er die meiste Zeit in Horts oder allein zu Hause. Punkt hierbei ist, sie zeigte ihm nicht genug Aufmerksamkeit oder Liebe, sie erkannte nicht, dass ihr Sohn anscheinend mehr Aufmerksamkeit brauchte. Der Sohn spiegelt der Mutter nur ihre eigene Unfähigkeit, Liebe zu zeigen, wieder. Denn wäre sie eine gute Mutter, hätte sie wohl einen Sohn, der mit ihr ganz anders umgehen würde.

Jetzt noch zu sagen, der Sohn sei schuld, und er sei so ein schwieriges Kind, ist sehr schlimm und zeigt noch zusätzlich, wie unfähig sie ist, ihre eigenen Fehler zu erkennen, und noch dazu wie unfähig sie noch immer ist, ihm Liebe zu geben, denn statt netter mit ihm umzugehen, gibt sie ihm Hausarrest oder stößt ihn ab.
Natürlich fühlt sie sich auch von ihm angegriffen und ungeliebt, und aus diesem Grund gibt sie ihm Hausarrest, sie denkt, sie will

sich doch nicht alles von ihrem Sohn gefallen lassen und dem muss man doch ein Ende setzen. Sie fühlt sich als das Opfer des Sohnes. Doch kann sie nicht sehen, dass eigentlich sie an all dem schuld war. Noch dazu muss man bedenken, sie gibt noch immer keine Liebe, denn würde sie liebevoll mit dem Sohn umgehen, dann würde sie ihm trotz seines schlechten Verhaltens Liebe zukommen lassen. Sie würde ihm immer Liebe zeigen, ganz egal, was er tut. Hätte sie das von Anfang an getan, hätte sie dieses Problem mit ihrem Sohn gar nicht, denn genau, dass sie zu wenig Liebe zeigte, und ihm zu wenig Aufmerksamkeit gab, war ja erst der Grund ihres Problems.

Margit erkannte dies irgendwann und versuchte dann tatsächlich dem Sohn mehr Liebe zu zeigen. Was sehr schwer war, denn die Fronten waren schon verhärtet. Noch dazu fühlte sie sich ja auch total ungeliebt vom Sohn und musste sich jedes Mal, wenn er gemein zu ihr war, selbst sagen: „Margit, du hast es so weit gebracht", damit sie ihm nicht wieder Hausarrest gab oder anfing, ihn abzustoßen. Sie gab ihm stattdessen noch mehr Liebe. Ganz egal was er tat, sie versuchte, ihm noch mehr Liebe zu geben. Sie versuchte, ihm auch, während er nicht anwesend war, Liebe zu senden. Nach einiger Zeit wurde der Sohn tatsächlich ruhiger und Margit konnte auch mehr normale Gespräche mit ihm führen, wo sie über alles sprachen, und konnte ihm auch sagen, dass er doch bitte normal mit ihr umgehen sollte, und generell nicht nur Probleme machen sollte. Es ist nach wie vor kein einfaches Verhältnis zwischen den beiden, da sich über die Jahre die Fronten sehr verhärtet haben. Aber das Verhältnis ist jetzt viel besser und liebevoller. Man sieht also, der Sohn hat auf sie reagiert.

Es gäbe noch viele, viele Beispiele. Man bedenke aber, diese Beispiele wirken so offensichtlich. Im wahren Leben sehen wir unsere Verantwortung oder unsere Spiegelbilder nicht so leicht. Um die Wahrheit zu erkennen, muss man aufhören, wütend zu sein, und anfangen, ehrlich zu sich selbst zu werden, und anfangen, sich selbst anzuschauen. Sich selbst zu beobachten.

Es ist wichtig zu wissen, dass wir die Macht haben etwas zu verändern, in dem wir zuerst uns verändern, dann wird es der andere auch tun.

Manchmal kommt es vor, wenn wir uns verändern, dass sich der andere trotzdem nicht verändert. Das liegt daran, dass dieser Mensch uns einfach etwas zeigen sollte, aber er kein Teil unseres Lebens sein muss.

Manchmal müssen wir auch gar nichts verändern, wir müssen es nur akzeptieren. Dann war es wohl nicht wichtig es zu verändern. Wir müssen es einfach nur als einen Teil von uns akzeptieren. Und manchmal, wenn wir es akzeptieren, merken wir, es ist gar nicht so schlimm, wir haben die Situation nur falsch eingeschätzt. Es ist eigentlich gar nicht so, wie wir dachten.

Kapitel 2
Bei uns selbst ankommen

Dieses Kapitel zeigt, was geschieht, wenn wir uns selbst nicht treu sind, Liebe im Außen suchen und wir falschen Vorstellungen folgen.

Wir selbst sein

Ich glaube, hier geht es uns fast allen gleich: Wir wollen gefallen, wir wollen gemocht werden, wir suchen die Liebe im Außen und geben uns oft dafür sogar auf.
Die Erfüllung finden wir nicht dadurch, dass andere uns mögen, sondern wenn wir mit uns selbst in Frieden sind.

Wir glauben wir sind glücklich, wenn andere uns mögen und uns für brav, sympathisch oder nett halten. Dieses Glück ist nur von kurzer Dauer, hält nur so lange an, bis wir irgendetwas machen, wofür wir wieder nicht geliebt werden. Es wird immer Menschen geben, die uns nicht mögen und es wird immer Situationen geben, in denen wir Fehler machen und dafür verurteilt werden. Wenn wir unser Glück darauf aufbauen, was andere von uns halten, werden wir niemals glücklich sein, denn wir müssten dafür perfekt sein. Selbst dann würden wir für irgendjemanden trotzdem nicht perfekt sein, denn jeder Mensch hat andere Ansichten von Perfektion. Es ist auch nicht der Sinn der Sache, denn wir sollen nicht gefallen, wir sollen Liebe nicht im Außen suchen, sondern in uns. Wir brauchen die Bestätigung von anderen, dass wir nett, brav, hübsch oder klug sind, nicht. Alles, was wir brauchen, um glücklich zu sein, ist uns uns wohl mit uns selbst zu fühlen.
Wir sollten aufhören nach Liebe und Bestätigung zu suchen und

anfangen uns auf uns selbst zu konzentrieren, uns selbst treu sein.

Viele Menschen versuchen einfach die Meinung anderer nicht so wichtig zu nehmen, obwohl ihnen die Meinung anderer sehr wohl noch wichtig ist.

Nur weil wir begriffen haben, dass wir besser uns selbst treu sein sollten und uns nicht mehr von der Meinung anderer beeinflussen lassen, heißt das noch lange nicht, dass wir das wirklich tun. Oft ist es so, dass wir unser Leben lang nur gefallen wollten. Wenn wir dann merken, dass dies nicht der Weg ist, steigen wir aus und versuchen jetzt, wir selbst zu sein, aber wir sind es nicht. Viele belügen sich dann und glauben daran, es sei ihnen egal, was andere sagen, was es aber noch immer nicht ist.

Dann kommen Aussagen wie „Ich bin ich selbst, ist mir egal, was andere sagen", „Ich mache mir nichts aus der Meinung anderer", „Jemand der mich nicht so nimmt, wie ich bin, kann gleich wieder gehen, denn ich ändere mich für niemanden", „Andere sind mir egal, ich bin ich selbst", usw.

In Wirklichkeit kommen diese Sprüche aber von Menschen, die nicht im Einklang mit sich selbst sind und denen es eben nicht egal ist, was andere sagen, selbst wenn sie es gerne so hätten. Es ähnelt auch einer Trotzhaltung gegenüber jedem, der uns nicht liebt, nach dem Motto: „Euch werde ich es schon noch zeigen" oder „Ihr seid mir sowieso egal und es ist mir egal, was ihr sagt".

Ich finde es gut, wenn die Leute aufwachen und zu verstehen beginnen, dass man nicht den anderen gefallen muss, sondern sich selbst treu sein sollte. Nur tut das fast keiner. Nur weil wir uns stark machen wollen und sagen, die Meinung anderer sei uns jetzt egal, heißt das aber noch lange nicht, dass es wahr ist. Jemand der wirklich in Frieden mit sich selbst ist, muss es nicht präsentieren.

Die Meinung von anderen muss uns nicht egal sein. Es muss

nicht sein, dass wir nichts mehr auf die Person geben, die diese Meinung hatte. Wir müssen keine Ignoranz gegenüber der Meinung anderer aufbringen. So ein Verhalten zeigt nur, dass es uns noch immer stört, was andere sagen. Wären wir damit im Reinen, könnten uns die Meinungen anderer nichts anhaben und es gäbe für uns keinen Grund böse zu sein.

Es gibt nur dann einen Grund böse zu sein, wenn wir insgeheim noch immer an die Meinung anderer glauben und noch immer gefallen bzw. geliebt werden wollen.

Wir müssen auch nicht egoistisch werden. Solche Ideen kommen ebenfalls nur von Menschen, die sich selbst immer für andere aufgegeben haben und trotzdem keine Liebe bekommen haben. Nun meinen sie, sie schauen jetzt nur mehr auf sich.

Das ist nicht Sinn der Sache. Wie bereits gesagt, müssen wir weder egoistisch werden, noch müssen wir eine Ignoranz gegen andere oder deren Meinung aufbauen. Wir sollten tatsächlich aufhören, nach Liebe und Bestätigung zu suchen und uns selbst treu bleiben.

Dann sind wir glücklich und glauben nicht mehr an die Meinung anderer. Wir müssen auch nicht mehr böse sein, wenn andere uns nicht mögen. Wir müssen es auch nicht ignorieren, wir bleiben gelassen und gehen einfach weiter, ohne großen Wirbel zu machen.

Abhängigkeiten und uns selbst aufgeben

Man bedenke, wenn wir immer darüber nachdenken, was andere von uns halten und unser Glück darauf aufbauen, haben wir unser Glück nicht selbst in der Hand. Wenn wir warten, bis wir gefallen, bis andere uns gut, brav, schön, sympathisch finden, bis sie uns Respekt geben, bis sie uns lieben, sind wir immer abhängig. Abhängig von der Meinung anderer.
Andere haben unser Glück in der Hand und bestimmen sozusagen über unser Glück. Mögen sie uns, sind wir glücklich, mögen sie uns nicht, sind wir unglücklich. So sind wir nie unseres Glückes Schmied.
Wir machen uns also ständig abhängig von anderen. Ich will hier aber noch auf eine andere Abhängigkeit aufmerksam machen, die man in Liebesbeziehungen findet.

Abhängigkeiten in Liebesbeziehungen

Viele Menschen konzentrieren sich in einer Beziehung nur noch auf den Partner und auf ihre Beziehung. Sie sind sich selbst nicht mehr wichtig. Sie geben sich selbst für diese Beziehung und den Partner auf.

In einer Beziehung geht es darum, eine Gemeinschaft zu bilden, in der aber jeder noch er selbst ist. Es geht nicht darum, sich selbst aufzugeben und sich nur noch auf diese Beziehung zu konzentrieren.

Ein Beispiel:

Kerstin war in einer Beziehung. Sie gab sich selbst auf für ihren Freund und diese Beziehung. Sie widmete sich nicht mehr ihren Hobbies, unternahm auch kaum mehr etwas mit ihren Freunden. Sie klebte mehr oder weniger jeden Tag an ihrem Freund und unternahm nur mehr was mit ihm, denn sie waren jetzt „eins" geworden. Sie sind jetzt in einer Beziehung, sie sind zusammen. Er ist alles, was sie hat, alles, was sie wollte und was ihr wichtig war. Alles andere, was ihr früher wichtig war, gab sie auf – auch sich selbst.

Viele glauben, wenn sie in einer Beziehung sind, sind sie „eins" mit dem Partner, können nicht mehr eigenständig leben und das gehört sich auch so, denn immerhin gehören sie und der Partner jetzt ja auch zusammen.

Es ist wahr, dass sie zusammen gehören, bzw. zusammen sind mit dem Partner, aber das heißt nicht, dass damit gemeint ist, sie sind jetzt ausschließlich nur noch Teil einer Gemeinschaft, müssen sich selbst und alles, was ihnen wichtig war, aufgeben und sich nur noch auf die Beziehung konzentrieren.

Wir sollten wir selbst bleiben und der Partner sollte auch er selbst bleiben.

Mit dieser Einstellung können wir eine Beziehung eingehen, bleiben selbstständig und so können wir auch Kompromisse eingehen, sodass es für beide Partner passt.

Wenn Leute meine Worte hören, sagen sie immer, das sei doch ohnehin klar. Man muss immer man selber bleiben. Das wüssten sie doch. Sie seien ja sowieso sie selbst. Sie sagen zu mir, sie sind in einer ganz normalen Partnerschaft, in der sie einfach nur ihr Leben mit jemandem teilen und weiter nichts.

Sie merken jedoch nicht, dass sie sich selbst bereits aufgegeben haben.

Mit jemandem eine Beziehung eingehen können wir schon, aber wir sollten dabei wir selbst bleiben. Auch Kompromisse können wir eingehen, was ebenfalls sehr wichtig ist in einer Partnerschaft. Aber wir geben uns selbst nicht auf.

Das ist sehr wichtig, da wir uns ansonsten extrem abhängig machen, denn wir brauchen den Partner jetzt noch mehr, da diese Beziehung zu unserem Selbst geworden ist und wir uns selbst aufgegeben haben.

Manche Menschen verschmelzen deswegen zu einem „Eins" mit dem Partner und geben sich selbst auf, weil sie in einer Partnerschaft sein wollen, in der sie nie mehr alleine sein werden und die Suche nach Liebe endlich aufhört. In der sie sich jetzt, bis in alle Zeiten auf jemanden verlassen können, der sie nie mehr verlassen oder verletzen wird. Sie würden für die Liebe alles wegschmeißen, einschließlich das eigene Selbst.

Falsche Vorstellungen von der Liebe und uns selbst

Das vorangegangene Beispiel zeigt, wie sehr manche daran glauben in einem anderen Menschen oder einer Beziehung die Erfüllung finden zu können. Wie sehr sie sich wünschen, nie mehr verlassen und verletzt zu werden.

Der Mangel, den wir in uns haben, und die Suche nach der vermeintlich so erfüllenden Liebe sind schuld an den ganzen Problemen. Wir haben eine falsche Vorstellung von der Liebe. Wir glauben, in einem anderen Menschen die Erfüllung finden zu können. Wir glauben an eine Liebe, in der wir dem anderen vertrauen können und dass dann nie mehr etwas Schlimmes passieren wird.

Erstens: Der Glaube, die Erfüllung in einem anderen Menschen oder in einer Beziehung zu finden, ist eine Illusion. Die Erfüllung können wir nur in uns finden. Sicher ist es auch möglich, die Erfüllung mit einem anderen Menschen zu finden. Aber wenn wir mit uns selbst unzufrieden sind und die Erfüllung nicht zuerst in uns gefunden haben, dann werden wir sie mit unserem Partner auch nicht finden.

Zweitens: Der Glaube an eine Beziehung, in der, wenn wir den Traumpartner gefunden haben, nie mehr etwas Schlimmes passieren wird, ist eine Illusion. Eine perfekte Beziehung gibt es nicht. Die Liebe ist nur die Liebe, es wird aber in einer Beziehung immer vorkommen, dass es Probleme geben wird. Menschen machen Fehler. Zu glauben, dass wenn man seinen Traumpartner gefunden hat, alles perfekt wäre, ist eine Illusion. Es gibt keine perfekte Beziehung. Wie gesagt: Menschen machen Fehler. Selbst wenn man tatsächlich seinen Seelenpartner gefunden hat, heißt das nicht, dass der einen niemals enttäuschen wird. Viele Menschen glauben, dass der Seelenpartner oder Traumpartner derjenige ist, der sie niemals enttäuschen wird, denn sie glauben daran, dieser Partner sei Bestimmung, oder derjenige, der sie am meisten liebt. Das ist wohl auch so, aber auch der Mensch, der uns am meisten liebt, wird uns manchmal enttäuschen. Das bedeutet aber nicht, dass er anscheinend doch nicht unser Schicksal gewesen ist und wir weiter suchen müssen, bis unsere echte große Liebe kommt. Wir haben einfach falsche Vorstellungen von der großen Liebe oder von Partnerschaft generell. Die Liebe ist, auch wenn sie noch so wertvoll ist, einfach die Liebe und Menschen werden immer Fehler machen. Oft ist es so, dass eine Lernaufgabe dahintersteckt und solange wir sie nicht gelernt haben, wird es Probleme geben. Wir müssen also nicht diese anscheinend doch nicht so starke Liebe oder Partnerschaft aufgeben und uns eine neue suchen, sondern unsere Vorstellungen über perfekte Beziehungen aufgeben, die Lernaufgabe, die hinter jeder Beziehung steckt, annehmen und akzeptieren, dass Menschen nun mal Fehler machen.

Drittens: Der Glaube, dass wir jemanden brauchen, der uns niemals verletzen wird, ist falsch.
Wenn wir mit uns selbst nicht im Reinen sind, werden wir immer einen Mangel haben. Wir brauchen dann volles Vertrauen, Sicherheit und die Gewissheit, dass wir uns auf jemanden verlassen können und uns niemals etwas Schlimmes passieren kann.
Sind wir aber mit uns selbst im Reinen, brauchen wir diese Art von Schutz nicht mehr. Wir lieben uns dann selbst und sind nicht mehr abhängig von der Liebe anderer. Wir können dann mit allem umgehen und können dann auch Schmerz viel besser verkraften. Wir wissen dann, dass wir keine armen hilflosen Wesen sind, die Schutz oder Liebe von außen brauchen.

Das heißt aber nicht, dass wir gar nichts brauchen und jeder mit uns umgehen kann, wie er will. Gemeint ist lediglich die Vorstellung, dass wir Schutz brauchen, uns selbst so klein machen und wir uns abhängig machen von der Liebe anderer ist falsch. Treue, Liebe und Zusammenhalt zu bekommen ist natürlich schön und auch notwendig für jede gute Beziehung. Wir sollten es aber nicht fordern müssen, weil wir abhängig davon sind.

Wenn uns das bewusst wird, können wir eine Beziehung mit Vertrauen und Zusammenhalt eingehen, in der wir aber uns selbst treu bleiben und uns nicht davon abhängig machen, ob wir Zusammenhalt bekommen oder nicht. Wir wissen dann auch, dass wir wahre Erfüllung nur in uns finden können.
Nur wenn wir nicht im Einklang mit uns selbst sind und im Außen nach Liebe suchen, zerbrechen wir daran, falls wir Liebe nicht bekommen. Daraufhin folgen dann Aussagen wie „Ich habe vertraut, aber ich bin enttäuscht worden, ich habe gelernt dass man niemandem vertrauen kann, die Liebe existiert gar nicht", usw. Solche Aussagen kommen von Menschen, die so sehr vertrauen wollten, an den anderen geglaubt haben und dann enttäuscht wurden.

Deswegen seid nicht enttäuscht oder werdet zum Zyniker, wenn ihr schon viel Schmerz erlebt habt. Denkt daran, ihr hattet die falschen Vorstellungen von euch selbst. Ihr habt auf das Falsche in euch gehört, das euch von euch selbst weggetrieben hat, euch glauben ließ, ihr müsst Liebe im Außen finden und ihr gehört beschützt. Tatsächlich seid ihr aber großartige, weise Wesen, die nichts von außen brauchen, um selbst Liebe zu spüren und mit allem umgehen können.

Was ich hier noch ansprechen will, ist, dass wenn man von

Enttäuschung spricht, man sich immer auch die zweite Seite dazu ansehen sollte. Denn oft ist es so, dass der andere genauso enttäuscht ist von einem Selbst. Es kommt sehr oft zu Missverständnissen und nicht alle Beteiligten haben die gleichen Ansichten. Sei es in einer Liebesbeziehung, einer Freundschaft, etc. Auch wenn wir selbst glauben, wir sind z.B. die treusten Personen der Welt und wir würden niemals jemanden hintergehen, so bin ich mir sicher, dass es schon mal jemanden gab, der sich von uns hintergangen gefühlt hat. Einfach nur, weil unser Verhalten aus seiner Sicht falsch war, aber laut unserer Auffassung haben wir nichts Schlimmes getan. Enttäuschungen können leicht passieren, allein deswegen, weil es viele ungeklärte Missverständnisse gibt.

Verflossenen Beziehungen nachlaufen

Wenn wir verlassen werden, versuchen wir oft, den anderen wieder zurückzuholen oder um die Beziehung zu kämpfen.
Wir brauchen um niemanden zu kämpfen. Natürlich schmerzt es.
Natürlich schmerzt es auch, weil wir diesen Menschen liebten und er jetzt nicht mehr da ist, aber was meistens doch so sehr schmerzt, ist unsere Abhängigkeit, die Abhängigkeit von seiner Liebe.
Wir müssen verstehen, dass wir die Liebe anderer oder dieses einen Menschen nicht brauchen, um glücklich zu sein. Wir müssen unabhängig werden uns selbst treu bleiben. Dann schmerzt es auch, weil wir diesen Menschen geliebt haben, doch wir kommen viel besser damit klar.

Viele versuchen von ihrem Ex-Partner wegzukommen aber sie schaffen es nicht. Sie versuchen dann, sich selbst mehr Wert als ihm zu geben und sich auf ihr Leben zu konzentrieren. Ich höre hier immer wieder Sprüche, in denen gesagt wird: „Du musst auf dich selber schauen, du musst dich selber wichtig nehmen, lebe jetzt dein Leben, konzentriere dich auf dich und dein Leben!"
Das ist richtig, aber nur weil wir jetzt versuchen, uns auf uns selbst zu konzentrieren, heißt das nicht, dass wir uns selbst wirklich treu sind. Es ist eher so, dass wir uns noch immer nur auf unseren Ex-Partner konzentrieren und darauf warten bis wir wieder mit dieser Person zusammen sein können. Da das aber nicht geht, konzentrieren wir uns jetzt auf unser Leben, um von dieser Person wegzukommen aber nicht, weil wir uns selbst tatsächlich ernst nehmen.

Wir müssen uns selbst tatsächlich treu sein und unser Leben weiter leben. Diese Person war nicht unser Lebenselixier, ohne das nichts mehr geht. Wir brauchen niemals etwas von außen oder von anderen.

Wenn Menschen also glauben, nur weil sie sich auf ihr Leben konzentrieren, wären sie frei und unabhängig und würden sich nicht mehr auf den Partner konzentrieren, werden sie oft von ihren eigenen Gefühlen und Abhängigkeiten eines Besseren belehrt. Wenn sie nicht wirklich unabhängig sind, werden sie dies schnell merken.

Wenn wir also verlassen werden, schmerzt es, weil wir diesen Menschen geliebt haben, aber wir bleiben in unserer Mitte und leben unser Leben weiter. Wir können dann auch ohne Zorn und Wut über den ehemaligen Partner denken. Die Möglichkeit, dass er zurückkommen kann, steht offen.

Hier an dieser Stelle muss ich noch sagen, dass Zorn und Wut binden. Nicht verzeihen können bindet. Es bindet euch an diese Person. Verzeiht, so gut ihr könnt, denn das befreit euch. Außerdem lebt ihr immer in der Vergangenheit, wenn ihr nicht verzeihen könnt, denn ihr nehmt das bis in die Gegenwart mit und lebt im Heute noch immer Dinge, die schon längst vergangen sind. Lasst also nicht zu, dass eure Gegenwart durch Vergangenes bestimmt wird.

Den falschen Vorstellungen folgen

Oft eifern wir unseren Vorstellungen, wie etwas zu sein hat, nach und sind blind für das Schöne, das rund um uns passiert.

Ein Beispiel:

Anna regte sich ständig darüber auf, dass ihr Freund, laut ihrer Sicht, zu wenig für die gemeinsame Zukunft tat. Die beiden wollten eine gemeinsame Wohnung suchen. Laut ihr hätte er viel mehr Initiative ergreifen müssen. Sie hatte das Gefühl, sie müsse sich um alles alleine kümmern. Das mit der Wohnung war nicht das einzige Beispiel, wo er nichts unternahm. Es folgten mehrere verschiedene Situationen.
Als sie ihn darauf ansprach, ob er denn kein Interesse an einer gemeinsamen Zukunft hätte, beteuerte er immer wieder, doch, er würde sie sehr lieben, doch sie sei die viel Stärkere und wüsste bei allem viel besser Bescheid, sie könne sich auch besser um alles kümmern, denn sie hätte das richtige Know-how und mehr Erfahrung.
Es folgten noch mehrere Streitereien zwischen den beiden. Sie wollte die Beziehung deswegen sogar schon beenden. Sie fühlte sich einfach unwichtig und nicht von ihm beachtet. Sie wollte sich auch nicht immer um alles alleine kümmern müssen. Sie konnte nicht fühlen, dass sie sich auf ihn verlassen konnte.

Hätte Anna angefangen, zu sich zu kommen und aufgehört zu fordern, hätte sie gemerkt, dass sie in einer perfekten Beziehung war. Denn ihr Freund hatte andere Qualitäten. Ihr Freund war anders als die meisten Männer: er war sehr liebevoll, schenkte ihr genug Aufmerksamkeit und zeigte ihr jeden Tag wie sehr er sie liebte. Oft brachte er ihr kleine Aufmerksamkeiten mit nach

Hause.
Er kümmerte sich um andere Dinge, um die sie sich nicht zu kümmern brauchte. Er war z.B. sehr interessiert am Kochen und hat so das Kochen übernommen, was sie wiederum hasste.

Was ich damit sagen will ist, dass wenn wir aufhören unseren Vorstellungen wie etwas zu sein hat nachzurennen und stattdessen die Person, mit der wir eine Verbindung haben, zu sehen anfangen. Dann fangen wir an, die Wahrheit zu sehen. Wir sehen dann auch, dass unsere Vorstellungen gar nicht so wichtig sind, denn wir haben bereits alles. Anna hätte anfangen müssen, ihren Freund zu sehen, wie er wirklich ist und das er sehr wohl etwas in die Beziehung einbringt, aber das waren eben andere Dinge, als in ihrer Vorstellung.

Unsere Vorstellungen bereiten uns viel Kummer, denn sie sorgen dafür, dass wir denken, es müsse immer genau so ablaufen wie in unseren Vorstellungen, und wenn es nicht so ist, dann bricht für uns die Welt zusammen. Dann funktioniert gar nichts mehr, dann glauben wir unsere Beziehung oder Freundschaft hätte keinen Sinn mehr, der andere steht nicht hinter uns oder liebt uns nicht, nur weil es nicht genauso abläuft wie in unseren Vorstellungen. Menschen sind aber nicht nach Vorstellungen gebaut. Jeder Mensch ist anders. Deswegen müssen wir auch den Menschen sehen und uns auf ihn einlassen. Sehen, wie er reagiert, wie er denkt, nicht an unseren Vorstellungen festhalten, sondern erkennen, dass es auch ohne diese geht und vielleicht sogar viel schöner werden kann, als zuerst gedacht.

Was auch ein großer Grund war, warum Anna unbedingt wollte, dass ihr Freund ihr half, war nicht nur, weil es mühsam ist, alles alleine zu machen, sondern weil sie sich unwichtig und persönlich angegriffen fühlte. Sie dachte, sie wäre ihm nicht wichtig genug und forderte die Aufmerksamkeit.

Auf diese Weise konnte Anna die Wahrheit, was ihr Freund alles für sie tat und empfand, nicht sehen, denn sie fühlte sich nur unwichtig, ungeliebt und persönlich angegriffen.

Wenn wir uns selbst nicht lieben und uns nicht wohl fühlen mit uns, dann fühlen wir uns schnell persönlich angegriffen, wenn wir nicht genug Aufmerksamkeit bekommen. So können wir sehr schlecht die Wahrheit sehen, ob wir für jemanden wichtig sind oder nicht, denn wir sehen immer unser Produkt der Wahrheit. Sollten wir die gewünschte Aufmerksamkeit bekommen, sind wir vielleicht zufrieden, aber wenn es nicht so ist wie wir uns das vorstellen, dann sehen wir die Wahrheit nicht, sondern fühlen uns sofort angegriffen.

Es ist nicht so, dass Anna einen persönlichen Mangel gehabt hätte oder spezielle Probleme mit sich selbst, sondern ich beschreibe hier etwas, dass uns alle betrifft. Wir fordern ständig von anderen und wir fühlen uns oft persönlich angegriffen und unwichtig. Wir können die Wahrheit, was andere wirklich für uns empfinden oder tun, oft nicht sehen und müssen dann noch mehr von anderen fordern. Wir können die Wahrheit nicht sehen, weil wir mit uns selbst nicht im Reinen sind.

Ich wollte mit diesem Beispiel nicht nur zeigen, dass wir unsere Vorstellungen, wie etwas zu sein hat, aufgeben sollten und das sehen sollen, was ist, was wir bereits haben, sondern auch dass wenn wir mit uns selbst nicht im Einklang sind, wir die Wahrheit nicht sehen können.

Anna erkannte das irgendwann und kam bei sich selbst an. Sie suchte die Liebe nicht mehr im Außen. Gleichzeitig konzentrierte sie sich auf diese wundervolle Liebe, die sie eigentlich hatten. Sie ließ ihre Vorstellungen, wie etwas zu sein hat, los.

Sie konzentrierte sich nicht mehr darauf, was er für sie tat oder was er nicht tat, sondern nur noch auf die Liebe zwischen ihnen. Als sie sich auf die Liebe zwischen ihnen zu konzentrieren anfing, bekam sie ohnehin andere Vorstellungen. Es wurden für sie andere Dinge wichtig. Sie merkte, dass sie keine Beziehung laut ihren Vorstellungen braucht. Eine Beziehung, in der sie alle Männer in die Muster ihrer Vorstellungen presst.

Beziehungsvorstellungen, die wir alle haben. Sie merkte, dass wenn sie sich auf die Liebe zwischen ihnen konzentrierte, sich eine ganz eigene Beziehung entwickelte, ganz von alleine.

Es muss nicht der normalen Vorstellung einer Beziehung entsprechen, es muss nicht so sein, wie es die Norm sagt. Sie erkannte, dass man Beziehungen nicht im Außen regelt und sich jeder an diese Regeln zu halten habe, sondern, dass wenn man sich auf die Liebe konzentriert, die Liebe bereits da ist und dann alles von alleine geregelt wird. Es ergibt sich eine individuelle Beziehung, in der die alten Vorstellungen nicht mehr gelten und auch nicht mehr wichtig sind. Hätte sie ihre Vorstellungen behalten, würde sie wohl weiterhin sehen, was er alles nicht für sie tut. Sie hat sich aber auf diese Liebe eingelassen.

Man bedenke: Konzentriert man sich auf die Liebe, dann ist die Liebe schon da und jeder handelt nach der Liebe, die er fühlt. Wir müssen nicht im Außen, laut unseren Vorstellungen sehen können, ob der andere uns liebt oder nicht.

Nach einiger Zeit, es dauerte nicht lange, wurde diese Beziehung tatsächlich zu einer sehr erfüllenden Beziehung für beide. Ihr Freund veränderte sich tatsächlich auch. Er ergriff nun mehr Initiative und kümmerte sich mehr um die Dinge. Das freute sie natürlich sehr, was sie aber nicht mehr brauchte, denn sie akzeptierte ihn, wie er war, und wusste nun, dass sie nichts von ihm braucht. Sie war bei sich selbst angekommen.

Sie wusste nun auch, dass diese Beziehung schon vorher eine schöne Beziehung war, sie hätte sich nur immer auf die wunderschöne Liebe zwischen den beiden konzentrieren müssen, anstatt darauf zu achten, was er für sie tat oder nicht tat. Anstatt darauf zu achten, was sie laut ihren Vorstellungen für richtig empfand.

Dies geschieht natürlich in allen Beziehungen mit Menschen. Ich habe hier speziell ein Beziehungsbeispiel genommen, da das Beispiel von Anna ein gutes Vorzeigebeispiel ist und es speziell in Beziehungen zu solchen Situationen kommt.

Kapitel 3
Ein Leben in Balance

Diese Kapitel zeigt Übungen, wie wir mit uns in Einklang kommen können.

Mit uns im Einklang sein

Es ist wichtig mit uns im Einklang zu sein, denn dann lieben wir uns und sind gleichzeitig auch fähig den richtigen Gedanken zu folgen. Wie wir schon wissen, produzieren wir unsere Realitäten selbst. Negative Gedanken und Überzeugungen werden negative Situationen produzieren und auch anziehen.

Wenn wir in Balance sind, werden sich unsere inneren Haltungen und unsere Energien verändern. Wir werden dadurch positive Situationen anziehen und produzieren.

Unsere Gedanken und Überzeugungen gehen automatisch in eine positivere Richtung.

Visualisierungen

Um mit uns im Einklang zu sein, könnten wir uns jeden Tag als heil, gesund und wohl mit uns selbst visualisieren.

Ihr müsst nicht meine Formulierung nehmen, ihr könnt die Worte wählen, die für euch selbst passen und die für euch wirken. Alle Anleitungen habe ich in der „Du-Form" geschrieben, da Menschen sich so leichter angesprochen fühlen.

Schließ die Augen. Betrachte dich selbst mit deinem geistigen Auge. Spüre, wie du glücklich bist. Spüre, wie du voller Leben bist, vollkommen gesund und im Einklang mit dir selbst. Spüre, wie gut du dich selbst anfühlst. Spüre, wie Glück dein ganzes Sein ausfüllt. Spüre, wie du dich liebst. Nun sieh dich selbst als vollkommen glücklich und gelassen.

Affirmationen

Affirmationen sind nichts anderes als Gedanken, die wir immer wieder wiederholen und an die wir schlussendlich glauben. Wie wir ja schon wissen, wird das, an was wir glauben, unsere Wahrheit. Affirmationen haben eine große Wirkung und Kraft; alles, was aus ihnen entsteht, wird Realität.
Wir werden jetzt für uns Positives produzieren, das unser Leben verändern wird. Wir wiederholen diese Gedanken so oft, bis es sich für uns gut anfühlt und wir daran glauben. Negative Glaubenssätze werden verschwinden und unser Leben wird sich verändern.

Dazu ist es auch wichtig, sich nicht mit dem negativen Glaubenssatz aufzuhalten. Manchmal, wenn man seine negativen Glaubenssätze kennt und versucht, sie aufzulösen, werden sie noch schlimmer anstatt sich aufzulösen, weil man sich zu sehr darauf konzentriert, dass man das Negative auflösen will, anstatt es loszulassen und sich auf das Positive zu konzentrieren.

Ich habe einem Bekannten von mir, der in schlimmen Depressionen festsaß, den Rat gegeben, er solle sich jeden Tag vor den Spiegel hinstellen und sich selbst immer wieder sagen „Ich liebe mich", solange bis es für ihn gut war. Er meinte, das hätte Wunder bei ihm bewirkt.

Wichtig ist:
Keine Sätze mit „nicht" oder „kein" formulieren.

Anstatt Negatives zu produzieren, produzieren wir jetzt für uns Positives, das unser Leben verändern wird. Wir wiederholen diese Gedanken so oft, bis es sich für uns gut anfühlt und wir daran glauben. Negative Glaubenssätze werden verschwinden und unser Leben wird sich verändern.

Ich bin schön.

Ich liebe mich.

Ich bin wertvoll.

Ich bin wichtig für jeden.

Ich bin voller Glück, Freude und Leben.

Ich bin frei.

Ich habe alles, was ich brauche, um glücklich zu sein, und alles, was ich noch nicht habe, wird noch zu mir kommen.

Ich bin unabhängig.

Ich bin frei von allen Verpflichtungen. Ich bin frei von allem, was mich bindet.

Alles, was ich mir wünsche, wird mir zuteilwerden.

Ich erschaffe mir meine Welt, so wie sie mir gefällt.

Ich bin glücklich und zufrieden.

Ich bin glücklich und dankbar für alles, was ich habe.

Glück wird in mein Leben kommen.

Ich erschaffe mir viele positive Situationen für mich selbst.

Ich bin gelassen und friedlich und habe Glück und Liebe in mir.

Ich weiß, ich kann mit allem umgehen, das auf mich zukommt, ich bleibe dabei gelassen und ruhig.

Ich werde alles schaffen, was ich mir vornehme.

Ich strahle Glück und Liebe aus.

Ich bin gesund.

Morgen-Meditation/Visualisierung

Das könnt ihr jeden morgen machen.
Visualisiere dich als heil, gesund und wohl mit dir selbst. Atme dabei ein paar Mal tief ein und aus. Durch die Nase ein, durch den Mund aus.
Danach Sage dir mit voller Überzeugung: „Ich lebe ein Leben im Glück und ich habe alles, was ich brauche. Ich spüre mich selbst und bin glücklich, fröhlich und ausgeglichen. Ich werde heute in allen Situationen die Wahrheit sehen und Weisheit und Klarheit werden mir zuteilwerden. All meine Handlungen werden heute von Liebe und Weisheit geprägt sein."

Abendmeditation/Visualisierung

Atme tief ein und aus, mit der Nase ein und mit dem Mund aus. Spüre, wie du mit jedem Atemzug Weisheit und Liebe in dich hineinziehst und mit jedem Ausatmen alle negativen Gedanken und Erlebnisse des Tages hinausgezogen werden. Stell dir eine Lichtkugel vor deinem Mund vor, die all diese negativen Gedanken, Gefühle und Situationen aufnimmt, während du sie ausatmest. Am Ende bitte darum, dass all das gereinigt wird und zum Verständnis zu dir zurückgegeben wird und du nun Dinge klarer sehen kannst.
Denke über alle Menschen nach, die dir im Laufe des Tages begegnet sind, und sage dir innerlich über alle Menschen, über die du dich geärgert hast, du bist bereit, ihnen zu vergeben, auch dir selbst. Selbst wenn du nicht bereit bist zu vergeben, akzeptiere das in voller Liebe und geh weiter. Bleib zentriert in

der Liebe, geh nicht raus aus der Liebe, sollte sich Wut auftun, dann macht das nichts, dann bist du noch nicht bereit, dies zu verzeihen und das ist auch in Ordnung so. Lass es und geh weiter in die nächste Situation, bleib nicht bei diesem Menschen hängen.

Am Ende denk noch an alles, wofür du dankbar bist, was an diesem Tag oder generell in deinem Leben passiert ist. Erfreue dich an all den schönen Dingen in deinem Leben. Sag danke.

Anbindung an das Leben, das Licht und das Universum

Um bei uns selbst und in unserer Mitte zu bleiben, können wir uns auch an die Kraft des Lebens anbinden. Wir kommen dadurch in unseren Ursprung.

Das Licht, das Leben, das Universum ist alles das Gleiche. Es ist die Energie aus der alles Leben besteht, auch wir.

Es reinigt alles, was Illusion war oder unseren Blick getrübt hat, alles Negative verschwindet. Alles was unreal war, in Situationen, in denen wir dem falschen Glauben unterlegen waren, nur weil wir nicht die Wahrheit sehen konnten. Situationen, in denen wir uns vielleicht schon wieder persönlich angegriffen fühlten, obwohl es keinen Grund gab, wo wir wieder einmal unseren Ängsten unterlegen waren oder wo wir wieder einmal glaubten, wir würden Liebe von außen brauchen. Wir bekommen Weisheit, können die Dinge wieder klarer sehen, können die Wahrheit in Situationen sehen. Das Licht bringt Klarheit und Wahrheit in die Angelegenheiten. Wir kommen wieder zu uns, uns selbst nahe, kommen in unsere Mitte, fangen an, uns selbst zu lieben und sind im Einklang mit uns selbst.

Uns ans Licht anzubinden kann auch helfen, wenn wir zerstreut sind, immer wiederkehrende Gedanken haben, die uns keinen Ausweg finden lassen, verwirrt sind und nicht weiterwissen. Um Klarheit zu schaffen und verwirrte Gedanken zu stoppen, ist es immer gut, sich ans Licht anzubinden.

Mehr Informationen über das Licht und das Universum, könnt ihr unter „Wir und das Universum" finden.

- Setz oder stell dich aufrecht mit geradem Rücken hin.

- Stell dir vor, wie helles, strahlendes Licht voller Weisheit, Liebe und Glück von oben in deinen Kopf fließt. Stell es dir wie einen Kanal vor, an den du angebunden bist.

- Lass dich vom Licht durchströmen und spüre seine Energie.

- Stell dir vor, wie dieses Licht deinen Kopf, deinen Geist, deinen Hals, dein Herz, deine Arme und Hände, deinen Rumpf, dein Becken, deine Beine und Füße mit Licht ganz ausfüllt und erhellt.

- Lass das Licht so lange fließen, bis es sich gut anfühlt.

Lasst es einen Moment auf euch wirken. Ihr seid nun angebunden und könnt nun in den Tag starten. Das könnt ihr auch jeden morgen machen.

Anbindung an die Erde

Manchmal kann es passieren, dass wir uns durch das viele Licht mit zu viel Energie aufgeladen fühlen und uns dann unwohl fühlen. Dann ist es auch gut sich zusätzlich an die Erde anzubinden, um einen Ausgleich zu schaffen. Die Erde gehört natürlich zum Universum dazu. Diese Energie hält uns am Boden, deswegen wird sie die Energie der Erde genannt. Vielleicht kennt ihr das, wenn ihr mit zu viel Energie aufgefüllt seid, dass ihr etwas braucht, dass euch am Boden hält. Dazu ist diese Energie da. Dazu bindet ihr euch, gleich nachdem ihr euch an das Licht angebunden habt, an die Erde an. Das müsst ihr selber ausprobieren, wie es für euch passt und ob ihr das braucht.

Uns an die Erde anzubinden, ist aber nicht nur dann gut, wenn wir zu viel Licht in uns haben, sondern es ist auch gut, wenn wir unseren Halt im Leben oder unsere Standhaftigkeit verloren haben. Wenn wir uns unsicher fühlen oder wenn wir uns zu viele Sorgen um Geld und Existenz machen. Uns zu erden holt uns runter, wir fühlen uns sicher und es gibt uns Standhaftigkeit. Wir fühlen uns verankert. Sich zu erden hilft auch, wenn wir durcheinander sind, nicht wissen, wie es weitergeht oder von vielen Gedanken geplagt werden, die einfach nicht schweigen wollen. Was bei Zerstreutheit mehr hilft, sich an das Licht anzubinden oder an die Erde, hängt davon ab, warum wir zerstreut sind und das ist auch nicht immer gleich. Das müssen wir in den jeweiligen Situationen ausprobieren.

- Setz oder stell dich mit geradem Rücken aufrecht hin.

- Stell dir vor, wie aus deinem Becken und Füßen Wurzeln schlagen.

- Diese Wurzeln gehen bis in den Boden.

- Sie gehen weiter bis in das Fundament des Hauses und weiter bis in die Erde.

- Stell dir vor, wie diese Wurzeln bis zum Mittelpunkt der Erde gehen.

- Fühle, wie du immer mehr und mehr Wurzeln in die Erde schlägst und wie diese Wurzeln dich halten und dir Kraft geben.

Chakren

Um mit uns im Einklang zu bleiben, sind Chakren sehr wichtig. Chakren regeln den Energiefluss in unserem Körper. Sind unsere Chakren verstopft, funktioniert der Energiefluss nicht mehr richtig. All unsere Ängste, Gedanken, Verwirrungen, Gefühle, usw. setzen sich in unseren Chakren fest. Wenn wir immer wieder dieselben negativen Gedanken oder Ängste über ein bestimmtes Thema haben, wird das zu diesem Thema gehörige Chakra verstopft und der Energiekreislauf dort ist ebenfalls verstopft. Sollte ein Chakra für längere Zeit verstopft sein, werden wir das in unserem Gemütszustand fühlen und es kann auch vorkommen, dass man dies früher oder später auch am Körper sehen kann. Die zum Chakra gehörige Körperpartie fängt zu leiden an.

Ich habe gesehen, dass wenn man immer wieder fleißig seine Chakren reinigt, bei einer Krankheit tatsächlich eine Veränderung sichtbar ist.
Es ist wichtig, seine Chakren regelmäßig zu reinigen, man fühlt sich einfach viel wohler und ausgeglichener, ist im Einklang mit sich selbst und der Welt, hat viel mehr Zugang zu sich selbst und zu seinen Ideen, man wird kreativer, versteht gewisse Situationen besser, man hat Vertrauen und fühlt sich gefestigt im Leben.

Bei mir z.B. kommt es sehr oft vor, dass bei vielen Veränderungen meines Selbst, ich Probleme mit der Verdauung bekomme, weil mein für mich Selbst zuständiges Chakra, das Solarplexus, genauso auch für den Magen zuständig ist. Genauso ist es auch, wenn ich wichtige Eingebungen habe und mir einiges klar wird, ich die Wahrheit zu sehen anfange, dann muss ich sehr oft hintereinander niesen. Dies kann bei mir bis zu 20 Mal hintereinander sein und kommt seit ein paar Jahren bei mir immer wieder vor, wenn ich eine wichtige Erkenntnis hatte. Davon gibt es noch viele Beispiele.

Jedes Chakra hat seine eigene Funktion. Das könnt ihr in der Tabelle am Ende des Buches nachlesen.
Wir beschäftigen uns hier mit den sieben Hauptchakren. Tatsächlich gibt es aber mehrere Tausend.

Reinigung der Chakren

Wir reinigen hier die 7 Hauptchakren.

Methode 1:

Betrachte deine Chakren und prüfe sie auf dunkle Flecken. Hast du dunkle Flecken in einem Chakra festgestellt, dann visualisiere wie diese Flecken verschwinden und sieh dieses Chakra als vollkommen gereinigt und in der jeweiligen Farbe erstrahlend. Du kannst dir auch vorstellen, wie die jeweilige Farbe des Chakras in das Chakra fließt, so lange, bis es sich für dich gut anfühlt. Mit welchem Chakra du anfängst, Farbe der Chakren oder Bedeutung, habe ich in Methode 2 beschrieben.

Methode 2:

- Stell oder setz dich gerade mit aufrechtem Rücken hin und binde dich ans Licht an.

- Das Licht fließt nun durch dich und dein ganzer Körper ist ausgefüllt mit Licht. Konzentriere dich auf den Bereich am Ende des Steißbeines. Dort liegt das Wurzelchakra. Es ist rubinrot und ist zuständig für deine Standhaftigkeit im Leben. Auch für Sicherheit, Urvertrauen und Überlebensängste. Vielleicht nimmst du es wie eine rubinrote Kugel wahr oder wie einen rubinroten Ventilator, der sich dreht. Lass nun das Licht dort hin fließen, bis alle dunklen Flecken verschwunden sind und es in einem wunderschönen Rubinrot erstrahlt.

- Konzentriere dich dann auf den Bereich um deinen Bauchnabel. Dort findest du dein Sakralchakra. Es ist orange und ist zuständig für Sexualität, Emotionen und Sehnsüchte. Auch hier nimmst du es vielleicht wie eine orange Kugel oder einen orangen Ventilator, der sich dreht, wahr. Lass das Licht auch hier so lange fließen, bis alle schwarzen Flecken verschwunden sind. Reinige auch dieses Chakra so lange, bis es rein ist und in einem strahlenden Orange leuchtet.

- Konzentriere dich dann auf deinen Solarplexus. Das Chakra befindet sich in der Magengegend. Es ist gelb und zuständig für dein Selbst, deine Kraft, Willensstärke und Selbstverwirklichung. Man sollte es unbedingt reinigen, wenn man mit sich selbst nicht im Reinen ist. Lass auch hier wieder das Licht fließen, so lange bis es rein ist und in einem strahlenden Gelb leuchtet.

- Konzentriere dich auf die Mitte deines Brustkorbes. Oberhalb und in der Mitte deiner Brust befindet sich das Herzchakra. Dieses Chakra ist wichtig für Liebe und Beziehungen, Mitgefühl und Herzenswärme. Auch für bedingungslose Liebe. Die Farbe des Chakras ist smaragdgrün. Reinige auch dieses Chakra und lasse das Licht fließen bis es in einem wunderschönen Smaragdgrün strahlt. Wenn du möchtest, kannst du hier einen Augenblick verweilen und dein Herz spüren und betrachten. Du kannst dir selbst auch sagen, du willst heute alles mit den Augen deines Herzens sehen oder du willst dein Herz heute mehr einbinden und viel mehr Liebe in die Welt senden.

- Lasse das Licht weiterfließen in deinen Hals. Dort befindet sich das Kehlkopfchakra. Es ist zuständig für Selbstausdruck, Kommunikation, die richtigen Worte finden, sich selbst ausdrücken zu können und Kreativität. Die Farbe dieses Chakras ist hellblau. Lass auch hier wieder das Licht fließen und reinige das Chakra, bis es in einem schönen Hellblau erstrahlt.

- Nun konzentriere dich auf den Bereich um deine Augen bzw. zwischen deinen beiden Augenbrauen. Dort befindet sich das dritte Auge. Es ist wichtig, wenn man die Wahrheit sehen will und auch für Hellsichtigkeit und Intuition und ist auch zuständig für Wahrheit über dich selbst. Es hat die Farbe dunkelblau. Fange wieder an, es mit Licht auszufüllen und alle dunklen Bereiche zu reinigen, bis es vollständig rein und mit Licht ausgefüllt ist, bis es wieder in einem wunderschönen Dunkelblau strahlt. Wenn du damit fertig bist, kannst du zu deinem dritten Auge sagen, es solle sich bitte öffnen und du willst die Welt durch seine Augen wahrnehmen. Du willst heute in allen Situationen die Wahrheit sehen.

- Lenke deine Aufmerksamkeit dann auf deinen Kopf. Direkt über dem Kopf, in der Mitte des Scheitels, befindet sich dein Kronenchakra. Es ist violett und zuständig für Weisheit und universelles Bewusstsein, Verbindung mit deinem allwissenden Geist. Reinige auch dieses Chakra so lange, bis es frei von dunklen Flecken ist und in einem wunderschönen Violett erstrahlt. Du kannst hier auch sagen, du willst, dass dir heute Weisheit und Wahrheit zuteilwerden.

Reinigung des Körpers

Wir können uns zusätzlich, zu der Anbindung an das Licht, bei der wir uns schon von Illusionen und Unstimmigkeiten befreien, noch einmal gezielt unsere Aufmerksamkeit auf dunkle Flecken an unserem Körper richten und sie auflösen. Diese dunklen Flecken entstehen durch Ängste, Illusionen, Depressionen, Krankheiten, negative Gedanken etc.

- Setz oder stell dich mit geradem Rücken hin und binde dich ans Licht an (wie ich dir bei „Anbindung an das Licht" gezeigt habe).

- Da du schon ans Licht angebunden bist, hast du auch deinen Körper schon erhellt und mit Licht ausgefüllt. Nun kannst du nach schwarzen Flecken in deinem Körper suchen. Hast du welche entdeckt dann lass Licht hin zu den schwarzen Flecken fließen. Lass das Licht so lange zu diesen schwarzen Flecken hinfließen, bis sie sich auflösen. Du kannst auch deine Hände heben und Licht durch deine Hände zu den schwarzen Flecken fließen lassen, wenn dir diese Variante lieber ist.

- Vielleicht bekommst du Eingebungen zum besseren Verständnis deiner Probleme oder falschen Gedanken.

- Beobachte, wie diese schwarzen Flecken immer kleiner und kleiner werden, bis sie im Licht erstrahlen

- Fühle dich gesund und frei.

Du kannst dich nun, wenn du willst, auch noch zusätzlich als gesund visualisieren.

Aura-Reinigung

Wir füllen die Aura mit Licht an und reinigen auch hier alles, was sich an Ängsten, Unstimmigkeiten, falschem Glauben, Depressionen usw. festgesetzt hat.

- Setz oder stell dich aufrecht mit geradem Rücken hin und binde dich an das Licht an.

- Lenke deine Aufmerksamkeit auf dein Aurafeld. Es ist ein ovales Feld, das sich rund um deinen Körper herum befindet.

- Suche dort nach schwarzen Flecken und lenke das Licht darauf. Stell dir vor, wie das Licht deine ganze Aura ausfüllt und alle schwarzen Flecken sich auflösen. Wenn du dich wohl fühlst und das Gefühl hast, deine Aura sei mit genug Licht aufgefüllt, kannst du aufhören.

- Streiche dann noch von oben nach unten die Außenseite deines Aurafeldes glatt bzw. schließe die Aura. Fange oben an, streiche bis unten zu den Füßen, in einem Zug alles glatt und füge es unten wieder zusammen. Dies ist gut, weil es sonst sein könnte, dass du dich merkwürdig fühlst oder ein bisschen schwindelig, weil du an der Aura gearbeitet hast und sie nicht geschlossen hast.

Visualisierungen für alle Situation

Wie wir schon wissen, können wir mit Visualisierungen unsere Zukunft beeinflussen. Ihr könnt Visualisierungen zu jedem Thema ausprobieren.

Krankheiten

Wenn wir krank sind und unsere Gesundheit fördern wollen, ist es gut unsere Aufmerksamkeit auf die Gesundheit zu lenken, nicht auf die Krankheit. Es hilft uns sicher mehr, uns bereits mit der Gesundheit zu umgeben, als der Krankheit noch mehr Macht zu geben.
Wir müssen die Krankheit loslassen. Viele Menschen lassen die Krankheit nicht los und verharren in der Tatsache krank zu sein, deswegen werden sie auch nicht gesund. Wenn wir uns ständig als krank sehen und in der Krankheit verharren, werden wir nicht gesund werden. Wir müssen die Krankheit loslassen.

Menschen, die nicht an ihren Krankheiten – egal, ob psychische oder körperliche – festhalten, sondern sie loslassen, heilen viel schneller. Menschen, die sich selbst ständig sagen, wie krank sie sind und dadurch eigentlich an ihrer Krankheit festhalten, werden nicht so schnell heilen. Hier geht es darum, die Krankheit loszulassen, uns nicht ständig mit der Krankheit befassen oder uns zu sagen, wie schlimm alles ist, sondern uns mit der Gesundheit zu beschäftigen.

Ein guter Tipp ist es, sich als gesund und wohl mit sich selbst zu visualisieren. Dadurch fühlen wir uns wieder wohl mit uns selbst und gesünder. Wir lassen die Krankheit dadurch auch automatisch los.

Diese Anleitung klingt so simpel, aber sie hat enorme Wirkung. Ihr könnt Formulierungen verwenden, wie es sich für euch gut anfühlt.

Schließ die Augen. Betrachte dich selbst mit deinem geistigen Auge. Denk kurz an deine Krankheit um die es geht. Lass sie los und lenke deine Gedanken dann auf deine Visualisierung: Sieh dich selbst als vollkommen gesund und ohne Probleme. Spüre wie du glücklich bist. Spüre wie du voller Leben bist, vollkommen gesund und im Einklang mit dir selber. Spüre wie gut es sich anfühlt, wie gut du dich selber anfühlst. Spüre wie sich dein ganzer Körper und dein Geist sich vollkommen gesund anfühlen. Sieh wie deine betroffene, kranke Stelle vollkommen gesund ist. Betrachte dich selbst noch einmal. Sieh dich selbst als vollkommen, gesund und glücklich.
Natürlich sollten wir, je nachdem wie schwerwiegend die Krankheit ist, auch psychologischen und ärztlichen Rat hinzuholen. Ich will hier darauf hinweisen, dass es für die Gesundheit förderlich ist, die Krankheit loslassen und uns bereits mit der Gesundheit zu umgeben.

Übrigens, viele unserer Krankheiten entstehen aus unserem verwirrtem Geist. Wir sind falschen Glauben gefolgt, die uns krank gemacht haben. Indem wir uns als gesund visualisieren und die Krankheit loslassen, drehen wir den Glauben, der uns krankgemacht hat, um. Wir folgen dann wieder der Wahrheit, nämlich dass wir immer heil und schön sind und lassen von dem Irrglauben, der uns in die Krankheit gezogen hat, ab.
Ein weiterer Tipp ist es, während dem wir an unserer Krankheit arbeiten, zum Beispiel mit Ärzten oder Psychologen, bereits uns auf dem Weg der Besserung sehen oder daran glauben, ganz

sicher wieder gesund zu werden.

Beziehungen

Ihr könnt solche Visualisierungen auch für jegliche Art von Beziehungen verwenden. Dabei visualisiert ihr eure Beziehung als vollkommen heil, perfekt und schön. Hattet ihr einen Streit mit eurem Partner, einem Freund oder Familienmitglied, dann visualisiert diese Beziehung als heil.

Das wird eure Sicht zu dem Streit und zu eurer Beziehung verändern. Ihr werdet viel liebevoller und netter mit eurem Partner umgehen.

Es führt auch dazu, dass ihr das nächste Mal in einer Streitsituation ganz anders reagieren werdet. Davor wart ihr, wenn es einen Streit gab, voller Ärger, Wut oder Verzweiflung. Ihr werdet wahrscheinlich nicht das erste Mal wegen demselben Thema gestritten haben. Visualisiert ihr eure Beziehung als heil, dann geht ihr selbst ganz anders mit diesen Streitpunkten um. Ihr seid nicht verzweifelt, weil ihr z.B. das Gefühl habt, euch versteht niemand, sondern habt das Gefühl, dass ihr in einer Beziehung mit Zusammenhalt seid und dass ihr, trotz einer Unstimmigkeit, mit dem Gegenüber reden könnt. So kommt es dann, dass diese Beziehung tatsächlich heil wird.

Euer Gegenüber wird sich auch verändern, da er jetzt eure neue Energie und die neue Energie dieser Beziehung wahrnehmen wird.

Genauso gelten Visualisierungen auch für alle anderen Situationen. Visualisiert euer Leben in eine positive Richtung.

Auflösen von Gelübden, Verträgen und Bindungen

Die nächsten Seiten sollen uns von allen Gelübden, Verträgen, Bindungen, von allem, was wir im Laufe der Zeit eingegangen sind und vielleicht noch immer an uns haftet, trennen, sodass wir ganz frei sind, von allem Alten, das wir nicht mehr brauchen.

Es mag sein, dass die nächsten Seiten etwas intensiv sind, ihr könnt gewisse Formulierungen auch nach euren Vorstellungen formulieren.
Ich habe Anleitungen geschrieben, wie ich es für gut empfinde und wie es bei mir selber funktioniert hat. Ich habe einige Bindungen und Verträge mit genau den gleichen Anleitungen aufgelöst, von denen ich dann tatsächlich frei war. Ich konnte das auch sofort spüren, als ich gewissen Menschen nach den Auflösungen wieder begegnet bin. In manchen Verbindungen konnte sich unsere Beziehung danach sogar erst vertiefen, nachdem ich die Bindung und die Verträge zu diesen Menschen aufgelöst habe.

Ich glaube, dass es auch gut ist, eine neutrale Haltung einzunehmen und nicht zu denken, dass man diesen Menschen jetzt aus seinem Leben draußen haben will. Man sollte auch die Bindungen und Verträge zu Menschen, die man gerne mag, auflösen, mit der Haltung, dass man diese Menschen in seinem Leben haben will, aber sie nicht an sich binden will. So löst man alles auf, was beiden Beteiligten nicht gut tut, man ist frei und eine tiefere Beziehung ohne Bindung und ohne Versprechen ist möglich.

Ich habe zwei verschiedene Varianten geschrieben, die eine ohne Licht, die andere mit. Manche Menschen tun sich leichter, die

Bindungen und Verträge im Licht aufzulösen. Es kommt nicht darauf an, ob wir mit Licht arbeiten oder nicht, sondern auf unsere Absicht, die Schnüre aufzulösen. Die Sätze, die wir dazu sprechen, verstärken diese Absicht.

Durchtrennen von Schnüren

Es handelt sich hier um Schnüre, die uns die Energie rauben. Wenn andere ständig an uns denken, dann bilden sich Schnüre von ihnen zu uns. Diese können uns die Energie rauben. Man muss aber dazu sagen, dass uns niemand die Energie rauben kann, wenn wir es nicht zulassen. Sprich, wenn jemand schlecht über uns denkt, intensiv schlecht, die ganze Zeit, dann raubt uns das nur die Energie, wenn wir oder etwas in uns, dem, was der andere über uns denkt, Glauben schenken.
Wenn wir mit jemandem zu sehr Mitleid haben, dann ist es unser Mitleid, das uns die Energie nimmt. Wenn jemand mit uns Mitleid hat, und sich dadurch Schnüre zu uns bilden, dann raubt sein Mitleid dem anderen selbst die Energie.

Mit dieser Methode kann man auch Schnüre auflösen, die sich gebildet haben, weil andere Menschen sich an uns binden wollen.
Es gibt immer wieder Menschen, die uns an sich binden wollen, egal, ob in Beziehungen oder anderen Verbindungen. Diese Schnüre sind noch keine echten Bindungen, weil wir sie weder bewusst noch unbewusst eingegangen sind, dennoch stören sie uns und möglicherweise binden sie uns auch schon ein wenig an diese Person.
Hier muss man auch wieder dazu sagen, niemand kann uns an sich binden, wenn nicht irgendetwas in uns es zulässt. Wahrscheinlich wehren wir uns auch deswegen so gegen diese Menschen und wollen ihnen ausdrücklich klar machen, dass wir keine Bindung mit ihnen eingehen wollen, da wir Angst davor haben, dass etwas in uns unbewusst doch diese Bindung zulässt, und sei es nur aus Mitleid.
Diese Bindungsanfragen sind also noch keine tatsächlichen

Bindungen, aber dennoch stören sie uns.

Das gilt auch umgekehrt. Auch alle Schnüre, die wir an andere stellen, wo wir andere an uns binden wollen und nicht loslassen wollen, stören uns. Es geht hier um eine Schnur, die den anderen an uns binden soll, dabei ist aber noch keine echte Bindung vorhanden. Dies ist nicht nur störend für den anderen, sondern raubt auch uns Energie, weil wir abhängig sind.

Wir wollen uns nun von allen Schnüren, die wir machen oder die andere an uns stellen, trennen. Es ist dabei wichtig, eine neutrale Haltung einzunehmen und nicht böse auf die Person oder auf sich selbst zu sein. Es ist auch wichtig, sich selbst und dem anderen zu verzeihen. Denn sonst können sich neue Schnüre zu der anderen Person bilden. Außerdem können wir das Thema sonst nicht loslassen.

Ich werde zwei verschiedene Varianten beschreiben. Vergesst nicht, unsere Absicht die Schnüre aufzulösen und der Glaube daran, dass sie aufgelöst sind, ist das Wichtigste.

Variante 1

- Schließe die Augen und betrachte dich selbst mit deinem geistigen Auge.

- Sag dir: „Ich will alle Schnüre sehen, die mir die Energie rauben und mir nicht gut tun."

- Blicke auf dich herab und achte auf die Schnüre, die von dir weggehen. Entweder hast du sie selbst gemacht oder sie kamen von anderen. (Du stellst dir das alles mit geschlossenen Augen vor).

- Sag dir: „Ich löse jetzt alle Schnüre, die mir nicht gut tun und mir die Energie rauben, auf. Ich gebe die Energie, die ich genommen habe, zurück, und hole mir dafür auch meine Energie, die mir genommen wurde."

- Stell dir eine große Schere vor und durchschneide diese Schnüre. Hege währenddessen die volle Absicht, diese Schnüre jetzt zu durchschneiden und frei davon zu werden.

- Beobachte, wie du die Schnüre durchschneidest und sie sich auflösen.

- Fühle dich nun frei und voller Energie.

- Nun verzeih dir selbst und anderen. Sage dir: „Ich verzeihe mir und ich verzeihe euch für alle Energien, die wir uns gegenseitig geraubt haben." Fühle, wie du verzeihst und fühle dich wohl mit dir selbst.

Variante 2

Ich habe dieselbe Anleitung noch einmal geschrieben, nur diesmal mit der Anbindung ans Licht. Manchmal ist es leichter, mit Licht zu arbeiten, da wie gesagt Menschen dann mehr mit sich im Einklang sind. Sie können dann auch leichter verzeihen, wodurch sich solche Schnüre leichter lösen lassen.

- Stelle oder setze dich mit geradem Rücken hin und binde dich ans Licht an.

- Sag dir: „Ich will alle Schnüre, die mir die Energie rauben und mir nicht gut tun, sehen."

- Blicke auf dich herab und achte auf die Schnüre, die von dir weggehen. Entweder hast du sie selbst gemacht oder sie kamen von anderen.

- Hebe deine Hände und lass das Licht durch deine Hände zu deinen Schnüren fließen. Sag dir: „Ich löse jetzt alle Schnüre, die mir nicht gut tun und mir die Energie rauben, auf. Ich gebe die Energie, die ich genommen habe, zurück, und hole mir dafür auch meine Energie, die mir genommen wurde."

- Beobachte, wie sich die Schnüre auflösen. Lass das Licht weiter zu deinen Schnüren fließen, bis nichts mehr von ihnen da ist.

- Fühle dich frei.

- Nun verzeih dir selbst und anderen. Sage dir: „Ich verzeihe mir und ich verzeihe euch für alle Energien, die wir uns gegenseitig geraubt haben." Fühle, wie du verzeihst und fühle dich wohl mit dir selbst.

Bindungen

Wir alle gehen ständig bewusst oder unbewusst Bindungen ein. Hier handelt es sich um die echten Bindungen, die wir haben, mit Menschen, Dingen oder Lebewesen. Diese Bindungen binden uns aber an sie und sie an uns. Hat man eine echte Verbindung zu einem Menschen, muss man keine Bindung eingehen, denn diese Beziehung ist dann ohnehin vorhanden. Menschen, Dinge und Lebewesen, die in unserem Leben sein sollen, werden ohnehin da sein, wir müssen mit ihnen keine Bindung eingehen. Sollte es nicht so sein, ist es ohnehin besser, wenn beide getrennte Wege gehen.
Eine Bindung ist immer mit Verpflichtung verbunden und wir sind an diese Person gebunden. Wir sind also nicht frei.

Manchmal können sich Beziehungen erst dann vertiefen, nachdem die Bindung aufgelöst wurde. Wir gehen Bindungen aus Angst ein, wir könnten diese Person verlieren. Die Bindung soll die Person an uns binden. Wir stoßen uns dann aber gegenseitig eher ab, denn eine Bindung ist nichts Schönes. Es kann auch gar nichts Schönes sein, da wir die Person wie gesagt an uns binden wollen, weil wir sie nicht verlieren wollen. Die Person hat keine Freiheit und wir auch nicht. Eine Beziehung ohne Bindung kann sich viel besser vertiefen. Wie gesagt, ich habe schon öfter erlebt, dass sich Beziehungen erst dann vertiefen, nachdem diese Bindung getrennt wurde.

Wir wollen uns jetzt von allen Bindungen, die wir eingegangen sind, trennen. Auch alle Bindungen, die wir eingegangen sind, weil andere uns binden wollten. Selbst wenn wir diese vielleicht sogar nur unbewusst und ohne bewusste Zustimmung eingegangen sind. Dennoch ist es dann eine Bindung, die wir haben, und wir sind an den anderen gebunden. Auch alle Bindungen, in denen wir andere an uns gebunden haben.

Hier ist es wieder wichtig, eine neutrale Haltung ein zunehmen.

Variante 1

- Schließe deine Augen und betrachte dich mit deinem geistigen Auge.

- Sag dir: „Ich will nun alle Bindungen, die ich habe und eingegangen bin, sehen. Alle Bindungen, die ich freiwillig oder unfreiwillig eingegangen bin. Auch alle Bindungen, die vielleicht nur ich eingegangen bin, durch die ich mich an Menschen, Dingen oder Lebewesen gebunden habe. Dann alle Bindungen, die ich eingegangen bin, in denen andere mich an sich binden wollten, egal ob ich diese bewusst oder unbewusst ohne bewusste Zustimmung eingegangen bin. Auch alle Bindungen, durch die ich andere an mich binden wollte. Und alle Bindungen, die ich habe, weil ich nicht verzeihen und vergeben konnte. Ich will alle Bindungen sehen, die ich habe, alle die ich unbewusst oder bewusst, einvernehmlich, unter Zwang oder stillschweigend eingegangen bin."

- Blicke auf dich herab und achte auf deine Bindungen, die auch wie Schnüre von dir weggehen. Sag dir: „Ich löse nun alle Bindungen, die ich habe, auf. Ich erkläre all diese Bindungen für ungültig und nichtig."

- Durchschneide deine Bindungen wieder mit deiner Schere.

- Beobachte, wie du deine Schnüre durchschneidest und sie

verschwinden.

- Fühle dich frei.

- Verzeih nun dir und anderen. Sage dir: „Ich verzeihe mir und ich verzeihe euch, für alle Fehler, die wir mit dem Thema Beziehungen und Bindungen gemacht haben." Fühle, wie du verzeihst und fühle dich wohl mit dir selbst.

Variante 2

Ich habe nun die Variante mit Licht nicht noch einmal beschrieben, wenn ihr eine Vorlage haben wollt, dann schaut bei „Durchtrennen von Schnüren" nach. Es geht wieder darum, uns ans Licht anzubinden und so lange Licht zu unseren Bindungen fließen zu lassen, bis sie sich auflösen.

Verträge mit anderen

Vielleicht sind wir in diesem oder in anderen Leben, bewusst oder unbewusst, auch Verträge mit anderen eingegangen. Vielleicht, weil wir Angst hatten vor diesen Personen, vielleicht, weil wir gezwungen wurden. Vielleicht haben wir aber auch zugestimmt, weil wir uns etwas von diesem Vertrag erhofft haben. Diese Verträge können unbewusst und stillschweigend eingegangen worden sein und sollten wir sie noch nicht gelöst haben, dann könnten sie noch immer wirken. Solche Verträge tun uns nicht gut und binden uns an den anderen. Wir wollen nun alle Verträge auflösen, die wir mit anderen eingegangen sind. Beachtet aber: Solltet ihr Verträge mit Geschäftspartnern eingegangen sein, die ihr noch benötigt, dann sagt ihr: „Alle Verträge, außer diese Verträge mit…"

Oft haben wir danach zusätzlich eine Absicherung oder ein Versprechen abgegeben, damit wir uns nicht von diesem Vertrag lösen können. Oder wir wollten uns nicht lösen, weil wir uns von diesem Vertrag etwas erhofft haben oder den Vertrag aus Angst eingegangen sind. Absicherungen, die uns immer wieder auf dieselbe Spur bringen sollen und uns immer wieder zurück zum Vertrag bringen sollen. Diese wollen wir auch auflösen.

Bei mir war es wie gesagt so, dass sich ein paar Beziehungen erst dann vertieft haben, nachdem ich die Verträge mit diesen Personen aufgelöst habe.

Es ist hier auch wieder wichtig, eine neutrale Haltung einzunehmen.

Variante 1

- Schließe deine Augen und betrachte dich.

- Du hegst jetzt die Absicht, alle Verträge mit anderen aufzulösen.

- Sag dir: „Ich will nun alle Verträge sehen, die ich mit anderen einging. Alle Verträge, zu denen ich gezwungen wurde. Alle Verträge, die ich aus Angst eingegangen bin. Dann alle Verträge, die ich eigentlich nicht eingehen wollte, aber es trotzdem getan habe. Alle Verträge, denen ich zugestimmt habe, die aber eine Unterwerfung meinerseits darstellten, sei es, weil ich mir durch meine Zustimmung etwas erhofft hatte, wie z.B. Liebe, oder weil ich mir dieser Unterwerfung nicht bewusst war und ich mich unbewusst unterworfen habe. Auch alle Verträge, die ich ohne Unterwerfung eingehen wollte und auch eingegangen bin. Ich will alle Verträge sehen, die ich unbewusst, bewusst, einvernehmlich, stillschweigend oder unter Zwang eingegangen bin."

- Blick um dich. Sieh die Verträge. Sie können wie Papiere in der Luft hängen. Sag dir: „Ich löse alle meine Verträge jetzt auf. Egal, ob ich sie eingehen wollte oder nicht, ob sie eine Unterwerfung meinerseits darstellen oder nicht, ob ich sie bewusst oder unbewusst eingegangen bin, einvernehmlich, stillschweigend oder unter Zwang. Ich erkläre alle meine Verträge für ungültig und nichtig und ich löse alle auf."

- Beobachte, wie deine Verträge anfangen, sich aufzulösen. Du kannst dir auch vorstellen, wie du sie zerreißt. Sage dir noch mal: „All meine Verträge, die ich mit anderen einging, sind jetzt aufgelöst und für ungültig erklärt."

- Beobachte, wie all deine Verträge sich auflösen.

- Fühle dich frei.

Widme dich nun deinen Absicherungen und Versprechen, immer wieder auf den Vertrag zurückzukommen.

- Sag dir: „Ich will alle Absicherungen und Versprechen, die ich gemacht habe, um mich an meine Verträge mit anderen zu halten, egal ob ich diese Absicherung machen wollte, dazu gezwungen wurde oder sie bewusst, unbewusst, stillschweigend oder einvernehmlich gemacht habe jetzt sehen. Auch alles, was mich immer wieder auf den Weg meiner Verträge zurückbringen sollte, will ich jetzt sehen." (Absicherungen können sich wie Wolken, schwarze Flecken oder Steine oder in jeglicher anderer Form zeigen, je nachdem wie du sie wahrnimmst).

- Sage dir: „Ich löse alle Absicherungen und Versprechen, um an meinen Verträgen dranzubleiben und alles, was mich wieder auf die Wege meiner Verträge führen soll jetzt auf und erkläre sie für ungültig. Dies gilt für alle Absicherungen und Versprechen, für alle Verträge mit anderen."

- Beobachte, wie sie sich auflösen. Sag dir noch mal: „All meine Absicherungen und Versprechen sind nun auch gelöst und ich bin frei."

- Verzeihe nun dir selbst und anderen. Sage dir: „Ich verzeihe mir und ich verzeihe euch, für alle Fehler, die wir gemacht haben und für alle Verträge, die wir eingegangen sind." Fühle, wie du verzeihst und fühle dich frei.

<u>Variante 2</u>

- Setze dich mit geradem Rücken hin und binde dich ans Licht an.

- Sag dir: „Ich will nun alle Verträge sehen, die ich mit anderen einging. Alle Verträge, zu denen ich gezwungen wurde. Alle Verträge, die ich aus Angst eingegangen bin. Dann alle Verträge, die ich eigentlich nicht eingehen wollte, aber es trotzdem getan habe. Alle Verträge, denen ich zugestimmt habe, die aber eine Unterwerfung meinerseits darstellten, sei es, weil ich mir durch meine Zustimmung etwas erhofft hatte, wie z.B. Liebe, oder weil ich mir dieser Unterwerfung nicht bewusst war und ich mich unbewusst unterworfen habe. Auch alle Verträge, die ich ohne Unterwerfung eingehen wollte und auch eingegangen bin. Ich will alle Verträge sehen, die ich unbewusst, bewusst, einvernehmlich, stillschweigend oder unter Zwang eingegangen bin."

- Blick um dich und sieh deine Verträge. Hebe deine Hände und lass das Licht zu deinen Verträgen fließen. Sag dir: „Ich löse alle meine Verträge jetzt auf. Egal, ob ich sie eingehen wollte oder nicht, ob sie eine Unterwerfung meinerseits darstellen oder nicht, ob es mir bewusst war, dass ich sie einging oder unbewusst, einvernehmlich, stillschweigend oder unter Zwang. Ich erkläre alle meine Verträge für ungültig und nichtig und ich löse alle auf."

- Lass das Licht so lange zu deinen Verträgen fließen, bis sie sich auflösen.

- Beobachte, wie deine Verträge sich auflösen. Sage dir noch mal: „All meine Verträge, die ich mit anderen einging, sind jetzt aufgelöst und für ungültig erklärt."

- Fühle dich frei.

Widme dich nun deinen Absicherungen und Versprechen, immer wieder auf den Vertrag zurück zukommen.

- Sag dir: „Ich will alle Absicherungen und Versprechen, die ich gemacht habe, um mich an meine Verträge mit anderen zu halten, egal ob ich diese Absicherung machen wollte, dazu gezwungen wurde oder sie bewusst, unbewusst, stillschweigend oder einvernehmlich gemacht habe jetzt sehen. Auch alles, was mich immer wieder auf den Weg meiner Verträge zurückbringen sollte, will ich jetzt sehen." (Diese können sich wie Wolken, schwarze Flecken oder Steine oder in jeglicher anderer Form zeigen, je nachdem wie du sie wahrnimmst).

- Lass das Licht zu deinen Absicherungen fließen und sage dir: „Ich löse alle Absicherungen und Versprechen, um an meinen Verträgen dranzubleiben und alles, was mich wieder auf die Wege meiner Verträge führen soll jetzt auf und erkläre sie für ungültig. Dies gilt für alle Absicherungen und Versprechen, für alle Verträge mit anderen."

- Lass das Licht weiter zu deinen Absicherungen fließen und beobachte, wie sie sich auflösen. Sag dir: „All meine

Absicherungen und Versprechen sind nun auch gelöst und ich bin frei."

- Verzeihe nun dir selbst und anderen. Sage dir: „Ich verzeihe mir und ich verzeihe euch, für alle Fehler, die wir gemacht haben, und alle Verträge, die wir eingegangen sind." Fühle, wie du verzeihst und fühle dich frei.

Andere aus unseren Verträgen entlassen

Hier wollen wir alle Verträge auflösen, die wir ausgesprochen haben, um andere an uns zu binden. Wir wollen auch andere und uns selbst aus diesem Vertrag entlassen. Selbst, wenn nur der andere gebunden ist und wir gar nicht, schränkt es unsere Freiheit trotzdem ein, da wir einen Vertrag aus Zwang ausgesprochen haben und nun die Energie des anderen auf uns lastet und ihn an uns bindet. So können wir uns auch nicht frei bewegen.

Nehmt vorher wieder eine neutrale Haltung ein.

Variante1

- Schließe deine Augen und betrachte dich selber.

- Sag dir: „Ich will alle Verträge, die ich ausgesprochen habe, um andere an mich zu binden oder sie zu einem Vertrag zu zwingen, sehen."

111

- Sage dir: „Ich löse alle Verträge auf, die ich gemacht habe, um Menschen an mich zu binden. Ich entlasse auch alle Personen, die ich mit einem Vertrag an mich binden wollte oder die ich gezwungen habe, einen Vertrag mit mir einzugehen. Auch mich selbst entlasse ich aus diesen Verträgen."

- Beobachte, wie sich diese Verträge auflösen. Sage dir: „Alle Verträge, mit denen ich andere an mich binden wollte, sind jetzt aufgelöst. Alle Personen, mich selbst eingeschlossen, sind nun aus meinen Verträgen entlassen." Lass das Licht so lange zu deinen Verträgen fließen, bis sie sich ganz auflösen.

- Sag dir: „Ich will alle Absicherungen und Versprechen sehen, die ich gemacht habe, um diese Verträge aufrecht zu erhalten oder die andere an mich abgeben mussten, weil ich sie gezwungen habe. Ich will auch alles sehen, dass immer wieder auf den Weg der Verträge zurückführen soll."

- Sage dir: „Ich löse nun alle Absicherungen und Versprechen auf, die ich abgegeben habe oder die andere an mich abgegeben haben, um an unseren Verträgen dranzubleiben, auch alles, das immer wieder zu diesen Verträgen zurückführen soll. Ich entlasse mich und andere daraus."

- Beobachte, wie sich diese Absicherungen und Versprechen auflösen und fühle dich frei.

Variante 2

Ich habe die Methode mit dem Licht nicht noch einmal beschrieben. Siehe unter „Verträgen mit anderen".

112

Verträge mit uns Selbst

Das gilt für alle Verträge, die wir mit uns selbst gemacht haben, die uns behindern und uns einschränken.

Vielleicht haben wir negative Erfahrungen gemacht und uns dann gesagt: „Ich werde niemals mehr lieben" oder „Ich werde niemals mehr vertrauen", etc.

Vielleicht haben wir aus Angst, Erfolg zu haben, gesagt: „Ich darf nicht zeigen, was ich kann" oder „Ich darf keinen Erfolg haben."

Es geht hier um mehr als nur manifestierte Gedanken. Es geht wirklich um Verträge, die wir mit uns selber abgeschlossen haben. Die wir dann auch versiegelt haben und uns noch versprochen haben, dass wir diese Verträge einhalten werden. Diese wollen wir jetzt auflösen.

Nehmt vorher wieder eine neutrale Haltung ein.

Variante 1

- Schließe deine Augen und betrachte dich mit deinem geistigen Auge.

- Hege die Absicht, deine Verträge aufzulösen.

- Sag dir: „Ich will alle Verträge und Versprechungen, die ich mit mir selbst gemacht habe, sehen. Alle Verträge, die mir nicht gut tun und mich einschränken, den Sinn haben, mich zu hemmen und mir meine Energie rauben. Ich will alle Verträge, die ich mit mir selbst gemacht habe, jetzt sehen. Auch die, die ich unbewusst eingegangen bin."

- Sage dir: „Ich löse alle Verträge und Versprechungen auf, die ich mit mir selbst gemacht habe, die mich einschränken, hemmen, die mir nicht gut tun, die mich nicht leben lassen, die mir die Energie rauben, die nicht aus dem Ursprung meiner Liebe entstanden sind. Ich erkläre all diese Verträge für ungültig und nichtig und ich löse alle auf, egal ob ich sie bewusst oder unbewusst ausgesprochen habe. Sie lösen sich jetzt auf und ich bin frei. Ich lebe mein Leben nun in Liebe und Glück. Ich habe alles, was ich brauche, und lebe voller Freude.“

- Beobachte, wie sie sich auflösen und sage dir noch mal: „Alle Verträge und Versprechungen, die ich mit mir selbst gemacht habe, die mir nicht gut tun und nicht aus dem Ursprung meiner Liebe entstanden sind, sind jetzt aufgelöst.“ Nun fühle dich frei.

- Nun hol dir auch hier wieder deine Absicherungen, die du gemacht hast, damit du an deinen eigenen Verträgen und Versprechungen mit dir Selbst dranbleibst, herbei. Z.B.: Hast du aus Wut und Verzweiflung gesagt, dass du nie wieder lieben wirst, dann hast du dieses Versprechen sicher doppelt und dreifach abgesichert. Oder wenn du Angst hast, deine wahre Kraft zu zeigen, und dir versprochen hast, du wirst niemals deine wahre Kraft zeigen, dann hast du dies sicher auch doppelt und dreifach abgesichert. Hole dir also alle Absicherungen und Versprechen, die du dir selbst gegeben hast, um an deinen Verträgen und Versprechungen mit dir selber dranzubleiben, her, auch alles, das dich immer wieder auf den Weg deiner Verträge bringen soll.

- Sag dir und ihnen: „Ich löse hiermit all meine Absicherungen und Versprechen, damit ich mich an meine Verträge mit mir selbst halte, auch alles, was mich immer wieder auf den Weg meiner Verträge und Versprechungen mit mir selbst bringen soll auf. Ich erkläre sie für nichtig und ungültig. Meine Verträge und Versprechungen mit mir selbst, die mir nicht gut tun, sind jetzt alle aufgelöst. Ich brauche meine Absicherungen und Versprechen, damit ich meine Verträge einhalte, nun nicht mehr. Ich brauche euch nicht mehr, ihr seid jetzt alle aufgelöst."

- Beobachte, wie sie sich auflösen und sag dir noch mal: „Alles, meine Verträge und Versprechen, die ich mit mir selbst gemacht habe, und auch meine Absicherungen und Versprechen, damit ich mich an meine Verträge halte, sind jetzt aufgelöst."

- Fühle dich frei und wohl mit dir selbst.

- Nun verzeihe dir selbst. Sage dir: „Ich verzeihe mir für alle Fehler, die ich gemacht habe." Fühle, wie du dir verzeihst und fühle dich frei und wohl mit dir selber.

Variante 2

Ihr könnt die Methode mit dem Licht versuchen.

Gelübde

Keuschheitsgelübde:

Wenn wir uns entschieden haben, Mönch oder Nonne zu sein oder uns auf dem spirituellen Weg befinden, haben wir vielleicht ein Gelübde abgelegt bzw. uns selbst ein Gelübde gegeben. Ich finde, dass auch all diese Gelübde aufgelöst gehören, denn sollte es unser Weg sein, Mönch oder Nonne zu sein, dann wird es auch so sein. Es ist dann unsere Bestimmung und wir müssen nicht extra ein Gelübde ablegen, welches uns selber an diesen Weg bindet. Sollte jemand dennoch Angst haben und will sein Gelübde nicht auflösen, dann sollte er dies jetzt nicht tun. Man sollte aber Keuschheitsgelübde aus vergangenen oder zukünftigen Leben auflösen. Dies gilt für jeden, nicht nur für Mönche oder für Nonnen, denn wir wissen nie, welche Gelübde wir in vergangenen Leben abgegeben haben. Vielleicht waren wir selbst ein Mönch oder eine Nonne, wir haben einem verstorbenen Partner ein Keuschheitsgelübde gegeben oder wir haben es uns selber gegeben. Diese Gelübde können heute noch wirken und können auch Grund für eingeschränkte Sexualität sein. Es kann auch sein, dass wir uns in diesem Leben unbewusst bereits so ein Gelübde gegeben haben, denn so etwas kann schnell passieren.

Ehegelübde:

Das Gleiche gilt auch hier. Ich finde, eine echte Ehe oder Liebe braucht kein Gelübde. Die Partner sind zusammen, wenn sie zusammen sind und wenn es nicht mehr so sein sollte, dann ist es ohnehin besser, getrennte Wege zu gehen. Ein Gelübde bindet immer. Selbst wenn man sich vielleicht schon scheiden ließ, kann es noch immer binden.

Dazu müssen wir nicht einmal ein Ehegelübde ablegen. Es reicht auch, wenn wir ein Versprechen als Gelübde dem Partner gegeben haben oder es nur uns selbst gesagt haben. Solche Gelübde gehen auch bis ins nächste Leben und können uns auch noch immer an diese Person binden. Wenn ihr Angst um eure bestehende Beziehung oder Ehe habt, solltet ihr dieses Gelübde nicht auflösen. Ihr solltet aber alle Ehe- und Beziehungsgelübde aus vergangenen Leben oder zukünftigen Leben auflösen und auch alle Ehe- oder Beziehungsgelübde, die ihr an getrennte oder geschiedene Partner in der Vergangenheit gemacht habt.

Armutsgelübde:

Vielleicht haben wir uns auf einen unserer spirituellen Wege ein Armutsgelübde gegeben, in der Hoffnung, so spirituelle Einsicht oder Erleuchtung zu finden. Was wir dabei aber vergessen haben, ist, dass ein Armutsgelübde uns auch von unserem inneren Reichtum und Liebe abschneidet, denn mit Armut ist nicht nur das Materielle gemeint. Somit wird es aber auch zu keiner spirituellen Erfüllung oder Erleuchtung kommen, denn ohne Liebe ist keine Erleuchtung möglich. Das bedeutet, jeder, der ein Armutsgelübde abgelegt hat, sollte es auflösen, auch Nonnen und Mönche. So können spirituelle Einsichten oder die Erleuchtung gefunden werden.

Das gilt auch für jeden, der nicht nach Erleuchtung sucht, denn alle Gelübde, die auf Armut hinweisen, wie: „Ich werde nicht mehr lieben oder ich will keinen Erfolg", etc. wirken in uns und sind schnell gesagt. Oft sagen wir das nur so dahin, es kann danach trotzdem in uns wirken. Auch können solche Gelübde dazu führen, dass wir tatsächlich in Armut leben und kein Erfolg oder kein Geld zu uns kommen will.

Aufzulösen gilt es also alle Armutsgelübde, die wir gemacht haben, bewusst oder unbewusst. Es kommt nicht darauf an, ob wir Mönch oder Nonne sind oder ganz normale Menschen, ob wir nach der Erleuchtung suchen oder nicht. Wir sollten auch alle Armutsgelübde, die wir in anderen Leben gemacht haben, auflösen, da sie noch in uns wirken könnten.

Nun heilt alle diese Gelübde mit derselben Anleitung und nehmt immer das jeweilige Gelübde, das ihr auflösen wollt. Löst auch alle Gelübde auf, die euch einfallen.

Variante 1

- Schließe deine Augen und betrachte dich selbst.

- Hol dir deine gewünschten Gelübde her, jedes einzeln, welches du im Moment auflösen willst. Sage dir: „Ich erkläre dieses Gelübde jetzt für ungültig und nichtig und löse es hiermit auf."

- Beobachte, wie es sich auflöst und sage dir: „Dieses Gelübde ist nun aufgelöst und ich bin frei."

Variante 2

Wäre wieder die Methode mit dem Licht.

Chakren

Wurzelchakra:

Farbe:
rubinrot

Lage:
Am Ende des Steißbeines, zwischen den Beinen

Funktionbereich:
Sicherheit, Stabilität, Überleben, materielle Schöpfung,
physischer Ausdruck, Urvertrauen

Körperliche Zuordnung:
Becken, Dick- und Dünndarm, Zähne, Beine und Füße, Haare,
Nägel, Blutbildung, Knochen, Kiefer, Nebennieren, Wirbelsäule,
Rücken

Krankheiten, Probleme:
Angstzustände, Überlebensangst, fehlende Standhaftigkeit,
starkes Sicherheitsbedürfnis, Starrheit, Unsicherheit, starke
Anhaftung an den Körper und an materielle Dinge, fehlendes
Urvertrauen, Erkrankungen an den zugehörigen Körperteilen wie
zB Rückenbeschwerden, Zähne, Knochen,...

Sakralchakra:

Farbe:
orange

Lage:
Nabelbereich

Funktionbereich:
Leidenschaft, Sexualität, Emotionen, Sehnsüchte

Körperliche Zuordnung:
Nieren, Harnblase, Geschlechtsorgane, Prostata

Krankheiten, Probleme:
leidenschaftslos, freudlos, leblos, Sexualprobleme, auch
Sexualität nicht genießen können, triebgesteuert, zu emotional,
Gefühle nicht zum Ausdruck bringen können, Erkrankungen an
den zugehörigen Körperstellen

Solarplexus:

Farbe:
gelb

Lage:
Magenbereich

Funktionbereich:
Selbstverwirklichung, Selbstvertrauen, ich selbst, Kraft,
Spontanität, Energie nutzen, Willenskraft, aus sich herausgehen,
sein Selbst präsentieren, Durchsetzungskraft, Dominanz, Talente

Körperliche Zuordnung:
Verdauungprozess mit Magen, Magen, Leber, Milz, Gallenblase,
Bauchspeicheldrüse, Immunsystem

Krankheiten, Probleme:
mangelndes Selbstbewusstsein, manipulativ, willenslos,
Opferhaltung, oder Macht und Kontrollwahn, krankhafter
Ehrgeiz, Narzissmus, sich selbst nicht entfalten können, nicht an
sich selbst glauben können, Depressionen, überlaunisch,
Erkrankungen an den zugehörigen Körperstellen

Herzchakra:

Farbe:
smaragdgrün, manchmal rosa

Lage:
Brustbereich, oberhalb der Brust

Funktionsbereich:
Liebe, Beziehungen, Hingabe, bedingungslose Liebe,
Herzenswärme, Mitgefühl, Empathie, Eigenliebe

Körperliche Zuordnung:
Herz, Brustkorb, Lunge, Bronchien, oberer Rücken, Schulter,
Blutkreislauf, Arme, Hände, Haut

Krankheiten, Probleme:
Beziehungsunfähigkeit, Gefühlskälte, keine Wärme, Probleme
beim Annehmen, Akzeptieren und Lieben, keine Eigenliebe,
Selbstaufgabe bis hin zum Grenzverlust, Selbstausbeutung,
Beziehungssucht, Verbitterung, Hartherzigkeit, Probleme an den
zugehörigen Körperstellen

Kehlkopfchakra:

Farbe:
hellblau

Lage:
Bereich Kehle

Funktionsbereich:
Ausdruck, Kommunikation, Kreativität, Inspiration, Offenheit, gesprochene und geschriebene Worte zum Ausdruck bringen, Ideen zum Ausdruck bringen, Selbstausdruck, auch dich selbst durch deine Worte zum Ausdruck bringen, auch die Wahrheit deiner gesprochenen und geschriebenen Worte

Körperliche Zuordnung:
Hals, Kehlkopf, Speiseröhre, Stimme, Nacken, Schilddrüse

Krankheiten, Probleme:
Unfähigkeit oder Angst, sich auszudrücken, Schwierigkeiten Gefühle und Gedanken in Worte zu fassen, sinnloses Gerede, nicht zum Punkt kommen können, Angst seine Meinung zu vertreten, Sprachstörungen, keinen Zugang zur inneren Stimme, Hemmungen, Lügen, inspirationslos, Probleme der zugehörigen Körperstellen

Drittes Auge:

Farbe:
dunkelblau

Lage:
etwas oberhalb zwischen den Augenbrauen

Funktionsbereich:
erkennen und sehen der Wahrheit, übersinnliche Wahrnehmungen, Intuition, Konzentration, Visualisierung, Selbsterkenntnis

Körperliche Zuordnung:
Augen, Ohren, Nase, Nebenhöhlen, Kleinhirn, Gehirn, Stirn, Gesicht, Hirnanhangsdrüse, Hypophyse

Krankheiten, Probleme:
mangelndes Vertrauen in eigene Intuition, Wahnvorstellungen, Halluzinationen, Realitätsverlust, Konzentrations-schwäche, unruhiger Geist, Lernschwäche, Krankheiten der zugehörigen Körperstellen

Kronenchakra:

Farbe:
violett, manchmal auch gold

Lage:
In der Mitte oben auf dem Kopf

Funktionsbereich:
Weisheit, universelles Bewusstsein, höchste Erkenntnisse,
Vollendung, Verbindung mit meinem allwissenden Geist,
Verbindung mit der (göttlichen) eigenen Führung,
Kommunikation mit der geistigen Welt

Körperliche Zuordnung:
Großhirn, Zirbeldrüse, Schädeldecke, Kopf und Scheitel

Krankheiten, Probleme:
Leere und Unzufriedenheit, Gefühl des Verlorenseins, den Sinn
verloren zu haben, sich selbst verloren zu haben, Gefühl von
Sinn und Bedeutungslosigkeit des Lebens, Verwirrung, verwirrte
Gedanken, Verhaftung in der materiellen Welt, kein Verständnis
für das Ganze, Selbstzerstörung, Schlafstörungen, Krankheiten
an den zugehörigen Körperstellen

Wir und das Universum

Wer sind wir? Wie wir in Kapitel 1 vielleicht bereits gemerkt haben, sind wir mehr als nur unser Körper und unser Verstand. Für uns ist es selbstverständlich, dass wir uns als eine Person sehen, mit Namen, einem Körper und einem Verstand, und dann? Dann nichts mehr? Wir würden nicht auf die Idee kommen, dass unser Geist über unseren Körper und unseren Verstand hinausgeht. Das wir nicht mit unserem Körper aufhören, sondern unsere Geist mit dem Universum verbunden ist.

Wir sind eins mit dem Universum. Wir dürfen uns nicht auf unseren Körper und unseren Verstand beschränken. Wir dürfen uns selbst nicht so klein machen. Wenn wir über die Grenzen, die wir uns selbst auferlegt haben, hinauswachsen und wir erkannt haben, wer wir wirklich sind und was wir alles tun können, werden sich ganz neue Türen öffnen.

Was ist das Universum? Religionen glauben an einen Gott. Dazu muss ich fragen: Worin besteht der Unterschied zwischen dem Universum und Gott? Ist das nicht dasselbe? Das Universum hat Leben in sich, das sich selber immer wieder neu erschafft, eine intelligente Kraft an sich. Außerhalb des Universums existiert nichts. Es gibt nichts Zusätzliches außer uns und dem Universum (und vielleicht noch andere Universen, aber ich spreche hier von einem Ganzen, in dem alle Universen zusammengefasst sind). Man muss sich das wie eine Kugel vorstellen, in der sich alles Leben befindet. Alles, was existiert, ist darin, außerhalb existiert nichts. Das schließt aber nicht aus, dass das Universum keinen eigenen Geist hat. Ich will darauf hinweisen, dass außerhalb des Universums nichts existiert und es eine intelligente Kraft an sich ist, in der sich Leben befindet.

Die Wissenschaft glaubt, alles belegen zu können. Nur weil sie alles wissenschaftlich belegen kann, schließt das alles aus, woran Religionen glauben? Dass es den Urknall gab, heißt ja nicht, dass es deswegen nichts Höheres gibt, sprich, der Urknall selbst, das Leben selbst, ist doch schon eine höhere Macht. Eine intelligente Kraft in sich selbst. Alles Leben, das existiert, besteht aus dieser Energie und ist verbunden damit, auch wir. Unser Geist ist eins mit dem Universum und ewig.

Schlusswort

Nun habe ich meine Gedanken mit euch geteilt. Ich hoffe euch hat mein Buch gefallen und ich konnte euch damit helfen und inspirieren.

Ihr könnt mich finden auf Facebook unter:
„Romana Fleischhacker - Autorin" und mein Buch unter: „Dein Leben im Glück".

Auf Twitter könnt ihr mich finden unter:
„Romana Fleischhacker".

Ich würde mich über ein Kommentar oder ein Gefällt mir freuen.

Mein Buch gibt es auch als ebook und in englischer Sprache unter dem Titel „Live your Life in Happiness".

Ich freue mich darauf, euch auf einen meiner Seiten wiederzusehen.

Bis dann

eure Romana